Zaccaria Francesco Antonio

Entscheidende Urkunden für die Gesellschaft

Jesu wider ihre Verleumder aus dem Italiänischen übersetzt - 3. Band

Zaccaria Francesco Antonio

Entscheidende Urkunden für die Gesellschaft
Jesu wider ihre Verleumder aus dem Italiänischen übersetzt - 3. Band

ISBN/EAN: 9783744703536

Hergestellt in Europa, USA, Kanada, Australien, Japan

Cover: Foto ©ninafisch / pixelio.de

Weitere Bücher finden Sie auf **www.hansebooks.com**

Entscheidende
Urkunden

für die
Gesellschaft JEsu
wider ihre
Verleumder;
aus dem Italiänischen übersetzt.

II Fortsetzung.
Achter und letzter Theil,

Nebst einem kurzen Innhalt und vollkommnen Register
aller in diesen acht Theilen enthaltnen merkwürdigen Sachen.

Mit Genehmhaltung der Obern.

Oberammergau in Bayern.
Verlegt von Martin Wagners sel. Erben 1763.
Und zu finden bey den Gebrüdern Ignaz und Anton Wagner Buch-
händlern in Augspurg.

XXXV Artikel.

Von den Geschichtschreibern der Gesellschaft.

XI Anmerkung, 115 S.

Endlich will ich ihnen noch zum Beschlusse dieses Artikels eine Betrachtung über die Geschichten der Jesuiten unter die Augen legen, die ein sehr erhabener Witz vor kurzer Zeit gemacht hat. Dieser hat seine Jahre mit beständigem Studiren und Reisen hauptsächlich zu dem Ende hingebracht, damit er das wahre Verhältniß mit dem Geiste und der Aufführung der Gesellschaft JEsu ergründen möchte; um jene Geschichte davon zu verfertigen, welche vor kaum 20 Jahren zu Paris und Utrecht im Drucke erschienen ist. Ich weiß nicht, wer der Verfasser sey: die Jesuiten aber vermuthen, es sey ein Ritter von Savoyen, der sich viele Jahre hindurch zu ihrem Orden bekannt hatte. Er soll einer von den 30 Jesuiten gewesen seyn, die im Jahr 1703 von Lisabon nach Indien abgesegelt sind; und hatte nachmals die Gesellschaft verlassen. Höre seine Worte, die ich aus dem französischen übersetzen will. „Wer die Geduld haben kann, der lese ihre große Geschichte in sechs „Folianten, nebst jener, die P. Tanner ins Besondre von den euro„päischen Jesuiten geschrieben hat; das Leben ihres Generals Lapnez „von dem Ribadeneira, das Leben des P. Coton vom P. Orleans, „des P. Ogers vom P. Dorigni, und vieler andern Jesuiten von „ihren Mitbrüdern verfaßte Lebensbeschreibungen. Man lese die „Nachrichten des P. le Comte von China; imgleichen die weitläufi„ge Geschichte des P. du Halde von eben demselben Reiche; die von „Japon, welche ebenfahls einen Priester dieses Ordens zum Urheber „hat; die von Abissonien und Moscau, deren jene vom P. Lobo, „diese vom P. Avril hinterlassen worden. Man lese, wenn es an„ders möglich ist zu einem Ende zu kommen, die 82 Bände ihrer

„Nach-

„ Nachrichten, oder erbaulichen Sendschreiben in den indianischen Pre-
„ digtstätten, die diese Geistlichen in allen Sprachen abgefasset haben,
„ damit sie niemanden unbekannt blieben.   Man hat die Abbildung
„ des ersten Jahrhunderts ihrer Gesellschaft, welches von den Jesui-
„ ten in Flandern herausgegeben worden; ein Buch, das der Hoch-
„ muth angegeben, und die Schamlosigkeit ans Licht gestellet hat. ...
„ Wer sich endlich von dem Stolze, von der Eitelkeit, von der un-
„ verschamten Frechheit der jesuitischen Geschichtschreiber einen Begriff
„ machen will, der werfe die Augen nur auf die Bilder, die im An-
„ fange der besondern Lebensbeschreibungen des P. Tanners mit fol-
„ gendem Titel zu sehen sind: Societas Apostolorum Imitatrix: Die
„ Gesellschaft eine Nachahmerinn der Apostel. “   Die Wahrheit zu bekennen, sind die Nachrichten, welche die Jesuiten in
Europa von ihren Missionen bekannt machen, lauter Romane:
sie machen ein dichtes Geweb von Betrügereyen, falschen Wun-
dern und Bekehrungen aus, um den Europäern damit das Gesicht zu verbinden: wie sie der Augenschein schon mehrmals davon überwiesen hat, wo irgend einer jene entlegene Landschaften selber gesehen.

Antwort.

Charakter des Ritters von Savoyen, und seines zu Utrecht in Holland gedruckten Werkes.

I. Wer der Verfasser des französischen Werkes sey, welches dem
Ritter von Savoyen zugeeignet wird, ist eine Frage, worum sich die
Jesuiten wenig bekümmern. Doch sagen sie, man könne es viele Meilen weit merken, daß der Mann, der in den Anmerkungen seines er-
habenen Witzes halber gepriesen wird, ein garstiger und verkaufter
Jansenist sey. Der Titel des Buches heißt: Geschichte der Gesellschaft JEsu zusammengetragen von einem ungenannten Verfasser: der Druck aber ist nicht von Paris, wie die Rotenmacher vorgeben, sondern von Utrecht, einem ketzerischen Orte. (a) Unter andern artigen Sachen, die er im VIII B. § 26 vorträgt, überhäufet
er die Königinn Elisabeth von Engelland mit Lobsprüchen wegen des
Betragens, womit sie der Bulle des Papstes Pius V begegnet ist.
Im VII B. § 39 nimmt er sich vor, die Lehre des Baius zu ver-
thei-

(a) Im Jahre 1741.

theidigen, und die päpſtlichen Bullen, wodurch ſie verdammet worden, zu verhöhnen. In dem VIII B. § 47 redet er von canoniſirten Heiligen; ſonderbar von dem Heil. Ignatio und Franciſco Xaverio, auf eine recht ärgerliche Weiſe, welches nicht zu vergeſſen war.

II. Gottlos iſt, was im VII B. § 29 ſteht, allwo er von Papſt Pio V einen Abriß machet, der ſich auf einen Tyrannen ſehr wohl ſchicken würde. Und in einer Anmerkung zu unterſt am Blatte, ſchreibt er von deſſelben Heiligſprechung folgendes: „Wo es der römiſche Hof „ für anſtändig hält, Leute von ſolcher Gattung, wie hier geſchehen, „ auf die Rolle der Heiligen zu ſetzen: ſo foderte es die Klugheit, daß „ er vorher zum wenigſten mit den Geſchichtſchreibern gleiches Alters, „ die ihre Lebensgeſchichten verfaſſet haben, zu Rathe gienge: ſonſt „ läuft er Gefahr, ſowohl ſich als dergleichen Heiligen dem Höhnge- „ lächter der Ketzer, und dem Geſpötte aller derjenigen auszuſetzen, „ die ein wenig Geiſt beſitzen, und in den Geſchichten zu Hauſe ſind. „

III. Auf dem 139 Bl. nachdem er das Unglück derer beweinet hat, die in einem Lande ſchreiben, wo man Roms tyranniſche Herrſchaft erkennet; ſetzet er hinzu, ein Geſchichtſchreiber, der die Wahrheit aufrichtig erzählen wolle, „ müſſe ſolches in jenen beglückten Land- „ ſchaften thun, die das Joch des Aberglaubens und der Dienſtbar- „ keit abgeworfen haben, und die Unterweiſung anderer dem Gutdunken „ gelehrter Perſonen überlaſſen. Glücklicher Vortheil! angenehmer „ Aufenthalt für alle, die die Wahrheit lieben und ſuchen! „ Beſſer unten ſaget er von ſich: „ Gleichwie ich nicht für jene Länder ſchreibe, „ die der Inquiſition unterworfen ſind; ſintemal man in denſelben „ ſchon ſeit langer Zeit nicht weiß, was die Kirchengeſchichte, und „ folglich eben ſo wenig, was das wahre Chriſtenthum ſey: ſo ficht „ mich das Urtheil, welches man über dieſes Werk fällen wird, gar „ nicht an. „ Sobiel ich aus den Worten dieſes ſo hochwichtigen Cavaliers abnehmen kann; muß es zu Rom mit der Regierung, mit der Kirchengeſchichte, mit dem Chriſtenthume ſehr ſchlecht ſtehen.

IV. Iſt es nun ein Wunder, daß er wider den vortreflichen Orden des Heil. Dominicus beynahe ſo viel Läſterungen ausſpeyt, als er Worte ſchreibt? Im IV B. wo er von der heiligen Inquiſition, und ihren hochwürdigſten Vorſtehern handelt, koppelt er ſo abenteuerliche Verleumdungen zuſammen, daß eine catholiſche Seele das Herz nicht hat, ſie auch mit Verfluchung anzuführen. Nur den letzten Zug will ich hieher ſetzen, womit dieſer erhabene Geiſt ſein giftiges Spottge-

dicht

dicht wider die Obern des heiligen Gerichtes beschließet. „ Dieß sind
„ die freundlichen Wege, saget er, welche die Päpste und Mönche
„ der letzten Jahrhunderte zu Erhaltung des Glaubens und Bekehrung
„ der Ketzer gefunden haben.   Ein jeder, der nur etwas weniges von
„ den Verfolgungen der Kirche in den ersten Jahrhunderten weiß, sieht
„ heut zu Tage nicht ohne Grauen, wie die Inquisition sich alle die
„ Grausamkeiten, deren sich die Heyden zu Austilgung des Christen-
„ thums bedienet hatten, eigen gemacht habe. "

V. Daß nun ein solches Werk, welches von der Kirche verdammet ist (b), und voll der Verleumbungen und Gottlosigkeiten wider die
heilige Inquisition, wider die geweihten Ordensstände, wider die läch-
sten Kirchenhäupter, wider canonisirte Heilige stecket ; daß solch ein
Werk auch auf die Geschichtschreiber der Jesuiten, trotz dem großen Beyfall, welchen sie von den Gelehrten erhalten haben, mit aller Macht ge-
stürmet, und alles zu ihrer Unehre verdrehet: das ist nicht gut.
Vielmehr ist hier zu bedenken, daß ihnen alles, was ein Ketzer wider
sie saget, zu großem Ruhme gereichet. Daß aber dergleichen Schmähen in
den Anmerkungen mit Lobsprüchen angezogen werden, das wird den
Notenmachern gewiß nicht viel Ehre bringen.

XXXVI Artikel.

Vom P. Turano, Gottesgelehrten Seiner Heiligkeit.

XI Anmerkung, 110 S.

Die Rede ist von dem Werke des Jesuiten Benzi, und von seiner
Verdammung. Hierauf heißt es: Glauben sie, daß sich die
Jesuiten der Lehre und dem Befehle der Kirche gemäß alle vereiniget haben, die verderbliche Sittenlehre ihres Mitbruders zu
verdammen und zu verwerfen? Nein, mein Herr. . . Denn nach
der besagten päpstlichen Verdammung, rückte P. Turano, Gottesgelehrter des obersten Beichtamtes, welcher mithin bey dem
heiligen Stuble in Diensten war, öffentlich mit einem Werklein
unter seinem Namen heraus, um seinen P. Benzi mit gezücktem
Degen zu verfechten.

Ant-

(b) Den 7 Herbstmon. 1750.

Antwort.

P. Turano schreibt für den P. Benzi vor der Verdammung seines Werkes. Zeugniß Papsts Benedict XIV.

I. Die Beschuldigung entehret nicht so fast den P. Dominicus Turano, welcher jüngst zu Rom verschieden (a) als ein Ordensmann von tiefer Demuth, und ganz besondrer Wissenschaft; als das heilige Amt der obersten Beichtstelle, welches sich dieses Mannes in dem Range eines Gottesgelehrten vier und zwanzig Jahre bedienet hat. Vernehmet den Hergang dieser Begebenheit. Da zu Rom der Handel des Benzi in Bewegung war, ersuchte dieser inzwischen in einem Schreiben von Venedig den P. Turano, er möchte seine Vertheidigung übernehmen. Turano verfertigte einen Bericht ohne Namen zu Gunst des Verklagten: er machte einige Abschriften davon, und theilte sie im J. 1744 heimlich den zur Untersuchung des benzischen Werkes abgeordneten Richtern mit. Dessen ungeachtet erfolgte die Verdammung des Buches, und Turano nahm sich weiter nicht darum an. Und siehe! es verstreicht ein ganzes Jahr nach der Entscheidung des Handels, und um das End des Hornungs 1745 sieht er jenen Bericht mit Entsetzung im Drucke herumgehen. Der ehrliche Greis war gezwungen, seine Zuflucht zu Papst Benedict XIV zu nehmen, sowohl seine Person und das Gemüth des Papstes in Sicherheit zu setzen, als dem eifervollen Amte, das er bekleidete, durch sein Stillschweigen keine Schande zu machen. Er überreichte also dem Papste die gedruckte Schrift, wie er sie fand, und legte seine Erklärung dazu, die voll der tiefesten Ehrerbiethung war. Er erzählte darinn ganz einfältig die Begebenheit; und schwur, daß er an dem Drucke nicht den geringsten Antheil gehabt hätte. Er besorgte, es möchte der Betrug eines misgünstigen Menschen seyn: und endlich bath er Seine Heiligkeit, daß Höchstdieselbe diese seine freywillige und aufrichtige Rechtfertigung gnädig ansehen möchte.

II. Kaum hat der Papst das Blatt erhalten, als er ihm mit eigener Hand die Antwort folgendes Innhaltes darauf ertheilete.

An unsern Gottesgelehrten P. Turano der Gesellschaft JEsu.

„ Unser ehrlicher P. Theologus hat ohne Zweifel Anspruch auf die
„ Gnade der freywillig erscheinenden: wiewohl die Schrift, die er uns
„ die

„ diesen Morgen eingeschicket hat, und die wir ihm hiemit zurückschi-
„ cken, schon vor vielen Monaten, nicht gedruckt, sondern geschrieben,
„ zu unsern Händen gekommen, ehe noch das bewußte Befehlschreiben
„ heraus war.

„ Man fand keinen andern Beweis, daß sie von ihm seyn müßte,
„ als diesen. Da sie uns von dem Herrn Beysitzer des heiligen Am-
„ tes überreichet worden, lasen wir sie selbst, und sagten in seiner Ge-
„ genwart, sie wäre von dem Gottesgelehrten des Beichtamtes. Wir
„ kannten sie nämlich aus der Schreibart: und aus der guten Ord-
„ nung, die jetzund fast allen fehlet, ist ein solcher leicht zu entdecken,
„ der sie, wie der besagte Pater im höchsten Grade besitzt.

„ Aber weiter zu kommen, sehen wir nicht, worinn er mit Grun-
„ de zu tadeln sey. Die Schrift war schon vor dem Befehlschreiben
„ verfertiget, und in einem guten Absehen verfertiget; und nach dem
„ Befehlschreiben ist sie ohne seine Bewilligung gedruckt und ausge-
„ geben worden.

„ Weßwegen er gänzlich versichert seyn kann, daß ihm dieser Vor-
„ fall bey uns auf keine Weise nachtheilig seyn werde: daß wir zu
„ ihn die vorige Neigung, und die alte Hochachtung beybehalten.

„ Schließlich versichern wir ihn, daß derjenige, welcher den Streit
„ geführet, wenn er ihm dadurch zu schaden getrachtet, bey uns sein
„ Absehen weder erreichet habe, noch erreichen werde. Und hiemit ge-
„ ben wir ihm den apostolischen Segen. “

III. Hat man nun die Verwegenheit, auf Dinge, die vor unsern
Augen geschehen sind, und mit so leichter Mühe aufgedecket werden können zu bauen: was soll man den Anmerkungen wohl glauben, wenn
sie uns von den äußersten Weltgegenden, von China, von Japan allerhand Mähren erzählen: wo sich die Herren Verfasser so wenig sor-
nen, daß es mit der Entdeckung der Wahrheit schwerer gehe?

IV. Hier wäre der Ort, die Bosheit derer anzumerken, die dem
P. Benzi Sachen andichten, wovon ihm nimmer geträumet. Allein man kann sein Buch nachsehen, und die Urtheile selben darinn
lesen: so wird man die Falschheit den Augenblick wahrnehmen, womit diese desselben Worte verändern. Sein Buch ist verdächtig: allein deßwegen bleibt es doch wahr, daß vor ihm andre noch länger geschrieben haben, und daß er nicht geschrieben habe, was man ihm
zumuthet.

XXXVII Artikel.

Von den Jesuiten in Paraguay.

VIII Anmerkung, 47 S.

Die Verleumdungen (der Jesuiten) wider den gottseligen Bischof Br. Bernardin von Cardenas, Bischof in Paraguay, sind allzubekannt.

Antwort.

Charakter des Herrn von Cardenas, wie ihn sein Secretär Cuellar von Mosquera in seiner bekannten Wiederrufung entworfen hat. Zeugniß König Philipps V.

I. Herr von Cardenas war weiland Bischof in Paraguay. Wie ihm der Titel gottselig gebühre, das werden die Notenverfasser allein wissen: denn sie haben das Recht, fremde Heiligkeit oder Bosheit nach ihrem Dünkel zu bestimmen. Wie viel und was für Kunstgriffe der gottselige Mann gebrauchet habe, die Jesuiten von America zu stürzen; das vernehme man nicht von mir, sondern von seinem eigenen Geheimschreiber Cuellar: welcher das vornehmste Werkzeug war, dessen sich der ehrliche Prälat zur Abhörung der Zeugen, zur Einrichtung der Processe, und Sammlung der Acten von dem Leben und den Sitten dieser Ordensgeistlichen bedienet hat. Doch nach einiger Zeit rührte GOtt dem Cuellar das Gewissen, daß er eine feyerliche Wiederrufung alles dessen verfertigte, was er auf Verlangen des Bischofs wider sie gethan hatte. Im Eingange rühmet er sie als sehr auferbäuliche Männer: hierauf entblößet er die Verleumbungen, womit sie beschweret worden: am Ende zeiget er die Art an, auf welche man die Processe zusammengetragen. Unter den vielen galanten Streichen, die Cuellar nach seinem Geständnisse dem Bischof zugefallen gespielet hat, war eins der seltsamsten, wodurch er fünf und dreyßig Personen des Landes gezwungen hat, für andere zu unterschreiben. Ja er selbst hat solches, wie ers aufrichtig gesteht, für seinen Sohn gethan, der doch damals nicht über sieben Jahre zählte.

II. Man lese hier in unsrer Sprache die feyerliche Wiederrufung, die er den 8 Christm. 1651 zu Corduba in Tucuman abgefasset, und

B dar-

darnach in gehöriger Forme dem P. Provinzial von Paraguay überschicket hat. Sie liegt nun in dem Archive JEsu zu Rom: und Huylenbroucq (a) führet in seiner Schutzschrift einer Abschrift davon an.

Wiederruf

Des Herrn Gabriel von Cuellar und Mosquera Secretärs des
Herrn Bischofes Bernardin von Cardenas.

„ Ich Don Gabriel von Cuellar und Mosquera, Hauptmann
„ und Schatzmeister der Heil. Cruciata in der Stadt Maria Him-
„ melfahrt, der Hauptstadt aller Provinzen und des ganzen Oberge-
„ biethes von Paraguay und dem Silberstrohme, gebe diese Erklä-
„ rung von mir, die Wahrheit zu bezeugen, mein Gewissen zu ent-
„ laden, und allen Priestern der Gesellschaft JEsu, welche sich in
„ dieser Provinz Paraguay befunden, und noch befinden, ihren gu-
„ ten Namen wieder zu erstatten. Ich mache dann kund und zu wis-
„ sen allen denjenigen, welchen diese Erklärung zu Gesichte kommen
„ wird, daß ich mit besagten Ordensgeistlichen, sowohl in Spanien,
„ als hier in Paraguay, all mein Leben lang vielen Umgang gehabt,
„ und immerzu meine Beichten bey ihnen abgelegt habe, als welche
„ ich in ihren Lehren gesund, des Seelenheils sehr beflissen, und in
„ ihrem Lebenswandel auferbaulich befunden. Diejenigen, die ich in
„ diesem und den benachbarten Ländern gekannt habe, sind theils Spa-
„ nier, theils Ausländer, theils auch Einländische; aber alle gleiches
„ Eifers GOtt zu dienen, und höchster Treue gegen Seine Majestät:
„ wie sie dann auch durch die große Menge der heydnischen India-
„ ner, welche sie bekehren und unterrichten, nicht nur das Christen-
„ thum, sondern auch das Reich des Königs erweitern. Von diesen
„ Geistlichen überhaupt, und von einem jeden besonders, kann man
„ mit aller Wahrheit sagen, daß sie mit ihrer Eingezogenheit, mit
„ ihrer Weisheit, mit ihrer Andacht alle Einwohner dieser Gegenden
„ höchlich erbauen; daß sie alle Uneinigkeiten beylegen; daß sie die öf-
„ fentlichen Sünden und Aergernisse verhindern; daß sie die Kranken
„ besuchen, und mit herzlicher Liebe denselben in allen geistlichen und
„ leiblichen Nöthen beyspringen; daß sie mit aller Ergebenheit und
„ aus allen Kräften den ehrlichen Leuten beystehen, welche ihr und der
„ ihrigen Heil ernstlich besorgen, als da ist der Herr Feldmarschall
                                                        „ Ste-

(a) Huylenbroucq am 331 Bl.

Sebastian von Leon mit seinen Verwandten und Freunden. Was wider die Jesuiten unter das Volk gebracht worden, besteht aus eitel Verleumdungen solcher Personen, welche von bösen Leidenschaften verblendet worden.

„Was mich betrift, hat mich der Hochwürdigste Herr Bischof die strengen Wirkungen seiner Leidenschaft empfinden lassen, und mich theils durch seinen wiederholten Bann, theils durch andere mir auferlegte Bußen um meine Ruhe und Güter gebracht. Ich sah auch, daß er mit andern meines gleichen nicht besser verfuhr. Ich erschrack hierüber so heftig, und seine Gewaltthätigkeit, welche ich großentheils schon erfahren hatte, bezwang mich dergestalt: daß ich mich an ihn ergab, ihm als Geheimschreiber und allgemeiner Sachwalter wider die Gesellschaft JESU zu dienen; wider sie alles zu thun, zu sagen, zu schreiben und zu bezeugen, was Herr Bischof wollte; und, was noch mehr ist, auch andre Einwohner der Stadt Maria Himmelfahrt dahin zu vermögen, daß sie es blindlings eben so machten, ohne alle Untersuchung, ob dasjenige, welches sie unterschrieben, wahr oder falsch wäre. Allein ich bin in meinem Gewissen versichert, daß man den Jesuiten solche Sachen zur Last gelegt, welche niemals geschehen waren; und daß alles nur von den Gemüthsregungen des besagten Herrn entsprungen. Denn alles, was immer wider diese Priester gesagt und geschrieben worden; daß sie es an der schuldigen Treue gegen unsern gnädigsten Herrn den König gebrechen ließen; daß sie sich der Goldgruben bemächtiget, und aus denselben Gold genommen hätten, solches in fremde Länder zu verschicken; daß sie diese Gegenden der Herrschaft Seiner Majestät zu entziehen gesinnet wären; daß sie sich als schismatische Rottirer, Ketzer, Zerstöhrer der allgemeinen Ruhe, ärgerliche und dem Nutzen des Staates nachtheilige Leute aufgeführet hätten; alles dieses ist ein leerer Schwarm der allergröbsten Unwahrheiten: und ich wünschete nur eine Stimme zu haben, welche von der ganzen Welt gehöret werden könnte, damit ich die Verleumdungen ausrotten möchte, welche ich in den öffentlichen Acten wider sie unterschrieben, und verursachet habe, daß sie in der Himmelfahrtstadt von fünf und dreyßig Personen unterschrieben worden, welche es in fremdem Namen gethan, gleichwie ich selbst im Namen meines Sohns, Josephs von Cuellar und Mosquera, eines damals siebenjährigen Kindes unterschrieben habe. Alles das und alles übrige, was unter meinem Namen erschienen, ist allein auf

B 2 „Be

„ Befehl des gemeldten Herrn Bischofs geschehen: welcher wir solches
„ als oberster Vorsteher und Landshauptmann in Paraguay im Namen
„ Seiner Majestät aufgetragen, und zwar mit der Bedrohung, widri-
„ genfalls am Leben gestraft, und als ein Verräther gehalten zu wer-
„ den. Derohalben hat auch an allem Uebel, das ich begangen, Herr
„ Bischof mehr Schuld, als ich: indem ich ihm nicht anders, dann
„ als ein Unterthann des Königs meines Herrn gehorsamet habe.

„ Nunmehr aber wollte ich lieber meine Güter samt dem Leben
„ verlohren, dann also gehandelt haben: weil ich sehe, daß dieses gan-
„ ze Verfahren wider das Gesätz GOttes, wider die Wahrheit, und
„ wider einen Heil. Ordensstand gestritten hat. Welches zu bezeugen
„ ich einen Eidschwur auf das Crucifirbild ablege; den P. Provinzial
„ aber, alle Priester seines Ordens, und alle andre, welchen ich mit
„ meinem Betragen Aergerniß gegeben, demüthig um Verzeyhung bitte.
„ Zu gänzlicher Befreyung meines Gewissens verlange ich, daß dieser
„ mein Wiederruf in mehrern Abschriften in alle Länder und vor alle
„ Richter gebracht werde, wo immer die Gesellschaft JEsu desselbigen
„ allenfahls benöthigt seyn möchte. Dieser meiner Erklärung alle ge-
„ richtliche Glaubwürdigkeit zu ertheilen, habe ich sie in Gegenwart ei-
„ nes Notars und der unterschriebenen Zeugen zu Papier gebracht.

„ Thomas von Medina, Valentin von Escobar Becerra, und
„ Anton Amorin, weltliche Priester. Geschehen zu Corduba in Tucu-
„ man, den 8 Winterm. 1651. Mit eigener Hand geschrieben und
„ unterschrieben von mir Don Gabriel von Cuellar und Mosquera. “

Von den Zwistigkeiten, welche sich zwischen den Jesuiten in Paraguay und Herrn Bischofen von Cardenas erhoben, geschieht auch eine
kurze Anregung in dem Befehlschreiben Königs Philipp V in Spanien,
da es also heißt: „ Solches erhellet aus den königlichen Befehlen der
„ Jahre 1650 und 1651, worinnen aus Veranlassung der Mißhällig-
„ keiten zwischen dem ehrwürdigen Bischofe Cardenas und der Gesell-
„ schaft JEsu, meiner königlichen Stelle zu Charcas befohlen worden,
„ daß man den Friden in Paraguay wieder herstellen, und die könig-
„ lichen Patronatsrechte in besagten Dörfern und Pfarren beobach-
„ ten sollte, samt der Verordnung, daß man den Priestern der Ge-
„ sellschaft ihre Häuser, Güter, und Dorfschaften wieder einraumte,
„ derer sie der Bischof beraubet hatte. “

Mit Grunde schreibt also der gottselige Diener GOttes Herr
von

von Palafor (b), wir Menschen lieben sehr hartnäckig an den falschen Scheingründen, welche uns die Eigenliebe an die Hand giebt, einen schlimmen Handel zu vertheidigen; und dieselben seyn überaus schwer aus unsrer Einbildung auszuwurzeln und auf die Wahrheit zu bringen.

XXXVIII Artikel.

Von den Jesuiten in Paraguay.

IX Anmerkung, 56 S.

Bey Gelegenheit der jesuitischen Handelschaft in Paraguay steht folgendes: In dem Archive Seiner catholischen Majestät haben wir davon Proben ohne Ende durch die Briefe eifriger Minister, nebst den ganz neuen Berichten des Stadthalters von Paraguay D. Bartholomäus Aldunate vom J. 1726: welche in die Register des indianischen Rathes eingetragen worden.

Antwort.

Die Schreiben des Aldunate und Barua und etlicher andern Staatsbeamten werden von Philipp V als ehrenrührig und verleumderisch erkläret.

I. Sowohl die alten Schreiben jener eifrigen Minister wider die Jesuiten von Paraguay, als die neuern der eifrigsten Stadthalter Bartholomäus Aldunate, und Martin Barua sind vor kurzer Zeit von Seiner catholischen Majestät, die Notenmacher mögen es gern hören oder nicht, feyerlich als ehrenrührige, falsche und verleumderische Schriften vernichtet worden. Ja jener große Monarch von Spanien Philipp V hat sich gefallen lassen, der Gesellschaft sogar Glück zu wünschen, nachdem er sie so großer Laster, die ihr von ihren Feinden seit mehr als hundert Jahren aufgebürdet worden, unschuldig erkläret hatte. „Es sind schon, schreibet (a) der catholische König an den P. Provinzial in Paraguay, es sind schon vermittelst so vieler Rechtferti-

B 3 „gun-

(b) In den Anmerk. über den LXV Br. der Heil. Theresia.
(a) Das Schreiben ist dem Endurtheile beygedrucket zu lesen in der neapolitanischen Ausg. 1744, 66 Bl.

„ gungen, und anderer glaubwürdigen Urkunden alle die Verleumdun-
„ gen und Betrügereyen verschwunden, welche wider euch unter die Leu-
„ te gebracht, und mir auf allerhand Wege, äuserlich zwar unter dem
„ Scheine des Eifers, in der Sache selbst aber aus lauter Bosheit,
„ vorgetragen worden. "

II. Man bemerke hier alle Umstände. So schreibet der catholische
König nach den langwierigen und genauen Untersuchungen, die in verschiedenen Rathsversammlungen über ein Geschäft angestellet worden,
welches durch so mannigfaltige Vorfälle mit unterschiedlichen Ministern,
und durch die großen Wechselungen des Glückes, denen es zweyhundert
und mehr Jahre unterworfen gewesen, in der Welt so viel Geräusch
verursachet hat. „ Endlich, lautet das Befehlschreiben (b), erhellet
„ sonnenklar aus allen diesen Artikeln, wie auch aus alten und neuen
„ Schriften, die von meinem Rathe übersehen, und mit einer zu so er-
„ heblichen Dingen erforderlichen Aufmerksamkeit geprüfet worden, daß
„ den sichersten Begebenheiten zu Folge meine Oberherrschaft, und
„ meine Schutzgerechtigkeit in keinem Theile. Indes durchaus
„ sowohl erkannt, noch die Kirchenordnung und königliche Ge-
„ walt sowohl bestellet sey, als in diesen Pflanzstädten (die un-
„ ter den Jesuiten stehen). Solches beweisen die fortwährenden Be-
„ suche der Bischöfe und Statthalter, wie auch der blinde Gehor-
„ sam, den die Indianer ihren Befehlen bezeugen. • • • Ich habe mich
„ entschlossen, ein königliches Schreiben auszufertigen, und dadurch
„ dem Provinzial die Zufriedenheit anzudeuten, mit welcher ich die Ver-
„ leumdungen und Betrügereyen eines Aldunate und Barua bey dem
„ hellen Glanze so triftiger Rechtfertigungen gänzlich verschwunden, und
„ mich von den Bestrebungen der Gesellschaft für alles, was den Dienst
„ GOttes, was meinem Vortheil und die Wohlfahrt dieser armen In-
„ dianer betrift, vollkommen überführet sehe : gleichwie ich mich des
„ nämlichen Eifers in Regierung dieser Bevölkerungen, und der näm-
„ lichen Sorgfalt für die Indianer auch künftighin versichere. "

III. Sehet nun, der Monarch spricht die gerichtlich verklagten Jesuiten von Paraguay nicht nur in einem öffentlichen Endurtheile von aller Schuld frey, sondern er achtet sie sogar seiner Erkenntlichkeit würdig : wie, und mit welcher Stirne unterfängt man sich, die ausgerausch-
ten Lügen ins Feld zu stellen? Wie und mit welchem Muthe kann man
auf so grimmige Strafreden verfallen? Ist Aldunate, ist Barua, mit
wenig

(b) Fast ganz am Ende. S. den V Th. dieser Uebersetzungen, 106 S.

wenig andern Anklägern durch ein feyerliches Befehlschreiben der Verleumdungen und Betrügereyen überwiesen: haben sie unter dem Deckmantel des Eifers weiter nichts verborgen, als lauter Bosheit: was hilft es doch, großer GOtt! daß man zur Verkleinerung der Jesuiten die Archive und Schreiben von Spanien, sie mögen alt oder neu seyn, auf die Bahn bringt, und den Aldunate, samt einigen andern seines Schrotes, als Eiferer anpreiset? Man will nagen, und wenn man kein Fleisch findet, beißt man in die Beine.

XXXIX Artikel.

Von den Jesuiten in Paraguay.

IX Anmerkung, 68 S.

Soviel schrieb der oben angeführte Stadthalter Don Bartholomäus von Aldunate Paraguay betreffend an Seine catholische Majestät.

Antwort.

Sage Aldunate, was er will: so lobet doch Herr Peralta, ein Dominicaner, dem catholischen Könige die Jesuiten von Paraguay unendlich an.

I. Was soll ein Zeugniß des Aldunate wider die Jesuiten in Paraguay: nachdem Seine catholische Majestät in seinem Endurtheile (a) befohlen hat, dem Provinzial die Zufriedenheit kund zu thun, mit welcher er die falschen Verleumdungen und Betrügereyen jenes Ministers durch so viele Rechtfertigungen verschwunden sah? Weit bewährter muß der Bericht gewesen seyn, welchen Herr Peralta Bischof von Buenos Ayres aus dem vortreflichen Orden des Heil. Dominicus an den catholischen König abgelassen hat: und zwar dieses zweer Ursachen halber. Erstens, weil dieser Bischof, der sich auf Befehl König Philipps V zur Untersuchung aller unter den Jesuiten stehenden Pflanzstädte dieser Landschaften begeben hatte, alles was er berichtet, mit eigenen Augen, wie er sagt, gesehen, und mit Händen berühret hat. Zweytens, weil

weil

(a) S. V Th. 106 S.

weil dieser Bericht von dem königlichen indianischen Rathe als aufrichtig und wahrhaft erkannt, und von dem Könige in seinem Befehle
als ein solcher angeführet worden. (b).

II. Wo dieser Prälat von dem Einbruche etlicher Barbarn mit
Namen Guaykuruse Carvas redet, welche der Stadt des H. Glaubens einen unaussprechlichen Schaden zugefüget haben: setzet er (c) folgendes hinzu: „ Unter vielen, die durch dieses Räubergesind an ih-
„ ren Gütern gelitten haben, war auch das Collegium der Jesuiten
„ hiesiger Stadt. Ein Gut, welches sie unweit von dieser Stadt
„ besitzen, ist gänzlich verwüstet und zu Grunde gerichtet worden.
„ Dieser Verlust hat die Einwohner dieses Collegii in so große Noth
„ und Armuth gebracht, daß sie gezwungen sind, den Vorrath an-
„ derswohin zu betteln (sehet da die unermeßlichen Reichthümer der
„ Jesuiten in Paraguay) um sich das Leben zu erhalten, und dem
„ Volke durch Christenlehren, Predigen, Beichten, und alle andere
„ geistliche Beyhülfen an die Hand zu gehen. “ Hieraus sieht man
deutlich genug, wie groß die Schätze dieser Geistlichen in jenen Gegenden seyn müssen.

III. Nun lasset uns ihren Geist in Unterrichtung dieser Völkerschaften besichtigen. „ Von der Stadt des Heil. Glaubens, fährt
„ Herr Peralta fort (d), verfügte ich mich zum Besuche der Völker-
„ schaften und Pflanzstädte, die unter der Aufsicht der Priester von der
„ Gesellschaft Jesu stehen, und sich auf hundert Meilen erstrecken. Die-
„ ser Weg ist überaus rauh, und eben so gefährlich wegen der ganz
„ wüsten Straßen, wegen der Grausamkeit der Barbarn und wilden
„ Thiere, und wegen der verschiedenen großen Flüsse, wodurch die
„ Straßen abgeschnitten sind. Es sind die Pflanzstädte der Zahl nach
„ dreyßig: wovon siebenzehn zu diesem Bischthume von Buenos Ay-
„ res, und dreyzehn zu dem von Paraguay gehören. Nachdem ich
„ alle die siebenzehn Gemeinden meiner Gerichtbarkeit besuchet hatte,
„ gieng ich, mit Erlaubniß und auf Anhalten des Capitels, auch in
„ einige Pflanzstädte des damals ledigstehenden Bischthums von Para-
„ guay, die Firmung mitzutheilen. Ich zweifle nicht, daß der königli-
„ che Eifer Eurer catholischen Majestät nicht ein großes Vergnügen ver-
„ spüren werde, von dem Zustande und von der Aufnahme dieser armen

                                                          In-

(b) V Th 94 S.
(c) S. die neapol. Ausl. des Enthusiß. von 1744, 53 Bl.
(d) 55 Bl. der neap. Ausg. 1744.

„ Indianer, Höchstderoselben unterthänigsten Vasallen, wahre Berich-
„ te zu berichten. Darum will ich nur sagen, was ich zu meinem so
„ besondern Gefallen und geistlichen Troste mit meinen Augen gesehen,
„ und so zu reden, mit Händen berühret habe, daß mir dadurch die
„ vielen und schweren Mühseligkeiten, die ich auf dieser Reise zu über-
„ stehen hatte, ganz leicht wurden: da ich sah, wie daß eine so zahl-
„ reiche Menge Schäflein, die in so mancherley Orten, und von einan-
„ der so sehr abgelegen sind, doch mit so fertigem Gehorsame in allen
„ Stücken von dem Winke ihres Hirten abhangen, als ob sie alle in
„ einem einzigen Schaafstalle wären. "

IV. Hierauf kommt dieser Prälat auf die Liebe und Hochachtung,
die diesen Völkern gegen alles, was unsern Glauben betrift, eingewur-
zelt ist. Diese Stelle klingt allzu zärtlich, als daß ich sie übergehen sollte.
„ Bey meiner Abreise, saget er (e), konnte ich nicht ohne große Mühe
„ von ihnen Abschied nehmen: und ich war so voll der Andacht, daß
„ ich GOtt unaufhörlich danke wegen des häufigen Segens, welchen
„ er vermittelst der heiligen Ordensgeistlichen, und apostolischen
„ Männer von der Gesellschaft JEsu, über diese Völkerschaften aus-
„ gießet. Sie sind ohne Unterlaß beschäftigt, sie in dem catholischen
„ Glauben zu unterrichten, und immer mehr zu gründen; wie auch in
„ dem Dienste Eurer Majestät beständig fort geschickter und fertiger zu
„ machen: und zwar dieß alles mit so redlichem und unermüdetem Ei-
„ fer, als wenn sie denselben ursprünglich von ihren Vorältern erer-
„ bet hätten. "

V. Was hierauf folget, ist sehr rührend. „ Ich sah die Kirchen,
„ und den Wohlstand, womit sie den Dienst GOttes verrichten; die
„ Frömmigkeit, die Andacht in den göttlichen Aemtern, ihre Geschick-
„ lichkeit in den geistlichen Gesängen, den Schmuck der Altärn, die
„ Pracht und Ehrerbiethung, bey den hochheiligsten Opfern, die Liebe zu
„ dem in dem Sacramente des Abendmahls verborgnen Heilande. Wie
„ nun solches in mir eines Theils eine unaussprechliche Zärtlichkeit er-
„ weckte: so erfüllte es mich anderntheils mit Beschämung: da ich
„ zwischen diesen neubekehrten Völkern, und den alten Christen einen so
„ merklichen Unterschied erblicken mußte.

VI. „ Was mich aber vor allem rührte, fährt er fort, war die
„ Freude, mit welcher ich täglich bey Anbruche des Tags einen Zug
„ Kinder von beyden Geschlechtern, doch so daß die Knaben von den

C „ Mäg-

(e) S. 55 Bl. der neap. Aufl.

„ Mägdlein abgesondert waren, in die Kirche gehen sah, den HErrn
„ durch überaus süsse und andächtige Lieder zu preisen.   Eben dieser
„ Bethgang der Kinder geschieht in allen Pflanzstädten, und Kirchen
„ täglich auf den Abend wieder, ehe die Sonne untergeht: daß man
„ also mit Wahrheit sagen kann: in diesen Gemeinden mache der Mor-
„ gen und der Abend, wie die göttliche Schrift redet, einen einzi-
„ gen Tag, aber einen Tag des HErrn, aus.   Und dieß ist lediglich
„ die Frucht des Fleißes, der Wachbarkeit, und des Eifers, wo-
„ mit diese heiligen Ordensmänner aus der Gesellschaft JEsu die ih-
„ rer Sorge anvertrauten Völker erziehen und unterweisen. “

VII. Nichtsweniger vorsichtig ist die Aemsigkeit der besagten Geistlichen, in Besorgung der zeitlichen Güter dieser armseligen Neulinge.
Man vernehme es von dem großen Sohne des Heil. Dominicus, und
eifrigsten Hirten dieser neuen Kirche (f).   „ Dieser Eifer und diese
„ Wachsamkeit schränkt sich nicht blos auf die geistliche Pflegung der
„ Seelen ein, sondern er erstrecket sich auch über die zeitliche Versor-
„ gung des Leibes.   Sobald einmal die nothwendigen Verfügungen
„ zum Kirchenbau, und zu allen dem, was den Gottesdienst betrift,
„ bestellet sind: begeben sie sich mit ihren Indianern hinaus, das bes-
„ te Erdreich zur Anbauung ihrer Kornfrüchte und Baumwolle auszu-
„ suchen.   Haben sie dieses gefunden, so geben sie ihnen Ochsen, Pflü-
„ ge, ja sogar den Samen zu ihrer Arbeit an die Hand, mit solcher
„ Vorsicht und Liebe gegen alle, daß sie nicht genugsam auszusprechen
„ ist.   Was die Waisenkinder anbelangt, hat man besondere Saaten,
„ deren Bauung einem Oberhausmeister oblieget: der alle aufgezeichnet
„ hat, und einem jeden von Tag zu Tage das nöthige darzureichen ver-
„ bunden ist.   Ganz nahe an der Pflanzstadt wird ein anderer Strich
„ Landes für alle Wittwen gearbeitet, damit diese schwachen Creaturen,
„ welche gemeiniglich entweder kränklich oder von hohem Alter sind,
„ nicht genöthiget würden, sich der Sammlung halber durch lange We-
„ ge zu ermüden.   Die übrige Zeit des Jahres werden sie samt den
„ andern ihres Geschlechtes mit Spinnung der Baumwolle beschäftiget:
„ welche sodann von den Indianern einer jeden Völkerschaft gewoben
„ wird, und ihnen zur Kleidung dienet: und auf solche Weise werden
„ alle Kleider mit möglichster Schönheit und Sauberkeit zubereitet. “

VIII. Wie steht es aber um den Fleiß dieser Geistlichen für den
Dienst GOttes? „ Damit der göttliche Dienst, saget Herr Peralta (g),
                                                                   nicht

(f) 56 S.   (g) 56 Bl.

„ nicht vernachläßiget werde, so halten sie eine abgesonderte Schule
„ von Kindern. Ein Theil davon machet den Körper der Kirchensän-
„ ger aus, und wird in der Singkunst unterrichtet. Die andern aber
„ übet man in den Tänzen, die man der Gewohnheit zu Folge an den
„ Festen des HErrn zu halten pflegt. Ja diese haben auch einen be-
„ sondern Feldbau, sich zu unterhalten. Mit einem Worte, diese
„ Pflanzstädte sind ein so würdiges und ansehnliches Stück des kö-
„ niglichen Erbtheils Eurer Majestät, daß Höchstdieselbe wohl etwas
„ ähnliches, aber nichts besseres besitzen können. “

IX. Nach der Sorgfalt, welche die Missionarien über die Vieh-
zucht tragen, redet der Prälat von dem paraguayschen Kraute, als der
einzigen Frucht, welche diese Völker verhandeln. Daraus zogen sie das
Geld, die Steuern zu bezahlen, die Kirchen zu erhalten, die Soldaten
zu kleiden, und bisweilen sehr langwierige Kriege auszudauern. Daher
kömmts, daß weder die Pflanzstädte der Jesuiten, noch der Franciska-
ner ihren ordentlichen Bischöfen jemals den Zehenden abgestattet, wie
doch Palafox und Cardenas gefodert haben (h). „Was aber den
„ Dienst Eurer Majestät anbelanget, saget Peralta (i), auf welchen
„ nach dem Dienste GOttes ihre erste Sorgfalt gerichtet ist, werden
„ sie hierinnen von diesen eifrigen Ordensgeistlichen sowohl auferzogen
„ und unterwiesen, daß Eure Majestät auch noch heutiges Tages nach
„ der erschrecklichen Niederlage, welche der Hunger und die Seuche der
„ Kinderpocken die verflossenen Jahre angerichtet hatte, in allen diesen
„ Pflanzstädten zwölf bis vierzehen tausend Mann zählen können, die
„ da tauglich und bereit sind in jedem Unternehmen zu Höchstderosel-
„ ben Dienste die Waffen zu ergreiffen. Solches haben sie die vorigen
„ Jahre in Paraguay werkthätig bewiesen, da sie recht wunderbarliche
„ Proben ihrer Stärke, ihrer Treue, ihrer Ergebenheit gegen Dero
„ königliche Person ablegten. Sie versahen sich nämlich auf eigene
„ Unkosten mit Pferden, Waffen, Lebensmitteln; und setzten ihr Le-
„ ben den äußersten Gefahren aus. Nunmehr arbeiten zweyhundert
„ derselben an der Festung Montevideo, einem Hafen an dem Silber-
„ strohme, wohin sie geschicket worden . . unter der Aufsicht zweener
„ Geistlichen der Gesellschaft JEsu, welche zu gleicher Zeit den Geist
„ derselben zur Tugend ausbilden, und durch ihre Wachsamkeit die Ar-
„ beit anfeuern. Ich hab es für meine Pflicht gehalten, Eurer Maje-

C 2 „ stät

„ stät diesen einfältigen, aufrichtigen und wahrhaften Bericht zu
„ erstatten, sowohl zu Bestärkung des Gewissens Euer Majestät,
„ als damit sich Höchstdieselbe würdigen wollen, die Redlichkeit und
„ die guten Dienste dieser armen Indianer, so wie auch den Ei-
„ fer und die Mühseligkeiten jener evangelischen Arbeiter, unter
„ deren Vorsorge sie stehen, zu belohnen, u. s. f.

Man bemerkt hier den Unterscheid. Herr Bischof Peralta, der
alle diese Bevölkerungen mit so großer Mühe besucht hat, stellt uns
besagte Jesuiten als Männer vor, die voll heiliger Emsigkeit, von einem apostolischen Eifer beseelet, und lediglich an Arbeiten und Gefahren für das Heil der Seelen reich wären. Im Gegenspiele sind sie
nach dem Zetergeschrey der Notenschreiber, welche zu Rom so viel tausend Meilen davon entfernet leben, lauter Kaufleute; und nicht von
dem Geiste Christi, sondern von dem allerschmutzigsten Eigennutze be-
trunken. Wer von beyden verdienet nunmehr Glauben? Ein Zeug,
den Blut, Tugend und Würde über alle Ausnahmen erheben; der
alles mit Augen gesehen, und einen catholischen König davon berichtet: oder ein Schriftsteller, der sich seinen Namen nicht zu offenbaren
getrauet, und keine andre Proben anführet, sein Vorgeben zu unterstützen, als die blosse Frechheit zu plaudern?

XL Artikel.

Von den Jesuiten in Paraguay.

IX Anmerkung, 69 S.

Und weil ich dieses Endurtheil genannt habe, so lesen Sie es
doch zur Gnade . . . und sie werden sehen, daß alle die
Berichte und Kundschaften, die der König von Spanien einge-
fodert hat, unter der Aufsicht und unter den Händen der Jesuiten abgefasset worden; als welche man laut des Endurtheiles
auf Befehl des Königs selbst darüber zu Rathe gezogen hat.

Antwort.

Man hat die Jesuiten zu Rathe gezogen über die Art die Abgaben
einzufodern. Was die Irrungen derselben betrift, hat man
sich aufs geheimste auch bey ihren Feinden erkundiget.

Le König.

I. Könnte wohl eine dichtere Unwahrheit, oder eine unverschämtere Dreistigkeit zu lügen unter dem Himmel seyn? Die Berichte über die Händel von Paraguay kommen weder wenig noch viel von den Jesuiten, als den Beklagten, her. Der Wille des Monarchen war nur, daß sich Johann Vasquez von Aguero mit den Jesuiten verstehen sollte über die Weise den Indianern die Steuern aufzulegen und abzufodern, daß keine Unruhe entstünde. Man höre das Befehlschreiben (a): „Diese und andere Dinge hat mir mein königlicher indianischer Rath gehörig eröfnet: und nachdem ich die Wichtigkeit der Sache erwogen habe, bin ich am 27 Weinmon. 1732 schlüssig geworden, daß dem Don Johann Vasquez von Aguer, der sich damals zur Reise nach Buenos Ayres schickte, verschiedene Einberichte übertragen werden sollten, welche eben dieser Rath an mich hatte ergehen lassen. Nichtweniger sollten eben diesem Staatsbedienten die nöthigen Maaßregeln ertheilet werden, nach welchen er über die Art die Anlagen einzurichten und abzufodern mit den Obern der Gesellschaft JEsu seine Verabredungen treffen sollte. " Was könnte wohl klärer gesagt werden?

II. Was aber die Beschuldigungen wider die Jesuiten belanget, hat der König befohlen, daß dem Aguer durch einen geheimen Weg ein anderer, aber auch geheimer Verhaltungbefehl eingehändiget werden sollte. In diesem waren alle die Puncte enthalten, wodurch er ein Geschäft vom Grunde aus zu erforschen gedachte, welches die Mannigfaltigkeit der Meynungen und Schriften, die seit mehr als hundert Jahren hierüber in Vorschein gekommen, in der ganzen Welt so berufen gemacht. „Da ich nun von einer Sache, spricht der König (b), gründlich unterrichtet seyn wollte, welche bisher so viel Lärmen verursachet hatte, wo die Meynungen so sehr getheilet waren, und worüber so viele Schriften herausgekommen sind, und zwar theils von Ungenannten wider die Gesellschaft, theils von den Jesuiten selbst zu ihrer Vertheidigung, und zur Ablehnung der ihnen aufgebürdeten Verleumbungen: so mußte man nothwendig einmal nach einer Entscheidung trachten, woraus ein jeder offenbar sehen könnte, man habe entweder diese Geistlichen mit einer unerträglichen Verleumbung beschweret, welche allein das Licht der Wahrheit vernichten könne; oder es wüchse aus einer ungerechten Nachsicht unsrer Schatzkammer ein großer Schaden zu, wodurch unser Schutzrecht verletzet, das könig-

C 3   „liche

(a) S. den V Th. dieser Uebersetzungen, 76 Bl.
(b) S. V Th. 76 und 77 S.

„ liche Ansehen hindangesetzt, und meine Befehle verachtet werden. Da-
„ mit ich nun diesem meinen gerechten Triebe nachkäme; (dieß mögen
„ sich die Notenmacher merken) habe ich dem Don Johann Vasquez
„ von Aguer durch einen geheimen Weg einen andern geheimen
„ Verhaltungbefehl einhändigen lassen, in welchem alle hieher ge-
„ hörige Stücke begriffen waren.

   III. Was Aguer zu Buenos Ayres selbst gethan hat, das hat noch
deutlicher gewiesen, wie wenig sich das unbehutsame Verfahren, worüber sich die Notenmacher so sehr ärgern, mit der Weisheit König Philipps zusammen reime. „ Nachdem nun Aguer, sind die Worte des
„ Königs (c), mit diesem Befehle versehen war, so gieng er zur Voll-
„ ziehung seiner aufgetragenen Geschäfte. Er stellte seinen Verhaltung-
„ befehlen gemäß zu Buenos Ayres eine gerichtliche Untersuchung an,
„ wobey er mir und dem Rathe in dem Hornung des 1736 Jahres die
„ Urkunden zuschickte. In diesen hat er den vorgelegten Puncten der-
„ gestalt Genügen geleistet, daß er theils aus den wiederholten Zusam-
„ menkünften mit gedachtem Don Martin von Barua, theils aus
„ den rechtlichen Verzeichnissen und andern nachgeschlagenen
„ Schriften, theils aus den Berichten der Bischöffe dieses und des
„ paraguayschen Gebiethes, theils aus dem Zeugnisse geistlicher und
„ zehen weltlicher Personen, welche dieser Pflanzstädte besser kundig
„ waren, ersehen hat u. s. f. "

   IV. Hat nun Aguer alles mit dem Barua, der den Jesuiten nicht
gut war, ausgetragen; hat er mehr geistliche und weltliche Personen,
und zwar eben die einsichtigsten zum Verhöre gezogen; hat er von verschiedenen Bischöffen, und Priestern verschiedener Ordensstände und
Bißthümer Berichte gehabt: wie können doch die Verfasser der Anmerkungen ausstreuen, die Seiner Majestät eingeschickten Urkunden wären durch niemand andern ausgesonnen und zu Stande gebracht worden, als durch die Jesuiten, welche doch die Beschuldigten waren; und
dieses bloß in der Absicht, den Ruhm, welcher von dem königlichen
Befehlschreiben über die ganze Gesellschaft stralet, zu verdunkeln: Was
heißt dieß anders, als Den König in Spanien entweder als einen dummen Kopf, oder als einen parteyischen und höchst ungerechten Richter
vorstellen?

                                                 XLI Ar-

(c) S. V Th. 77 Bl.

XLI Artikel.

Von den Jesuiten in Paraguay.

IX Anmerkung, 68 S.

Es ist falsch, daß der unermessene Schatz von Waaren, womit die Jesuiten in Paraguay Gewerb treiben, ihnen von den armen Indianern verehret werde. Allein die Jesuiten widersprechen sich selbst. Denn um die Vorstellungen des Aldunate zu entkräften, schwuren sie dem Könige von Spanien, daß sie das Gesätz genau hielten, wodurch ihnen der General unter schweren Straffen verböthe, sich eines Dinges zu bemächtigen, das den Indianern zugehörte: es sey hernach unter dem Vorwande eines Almosens, oder eines Darlehens, oder sonsten auf eine Art; so daß sie dem Provincial davon Rechenschaft geben müssen: wie in dem Endurtheile Seiner catholischen Majestät, im IV Art. zu sehen ist.

Antwort.

Diese Verleumdungen sind durch öffentliche Zeugnisse widerleget. Die Art, auf welche sie König Philipp zu nichte gemacht.
I. Von welchen Geschenken, von welchem Gewerbe träumet den Notenverfassern schon wieder? So müssen dann wirklich die alten Anklagen, die schon durch hohe Obrigkeiten, durch königliche Befehlschreiben, nach so vielfältigen, so langwierigen, sowohl überlegten Untersuchungen des Betruges überwiesen worden, heutiges Tages alle wieder aus ihrem Staube hervor; und zwar so, daß sie blöden Augen ganz funkelneu vorkommen? Ja so ist es. Die Missionarien der Gesellschaft JEsu in Paraguay haben einige Jahre hindurch ohne Unterbruch von ihren Widersachern tausend der schwersten Verfolgungen zu erdulden gehabt. Da diese ihren guten Namen angriffen, legten sie dem göttlichen Dienste, und der Ausbreitung des Christenthums ein großes Hinderniß in den Weg. Nachdem man also verschiedene Mittel umsonst versuchet hatte: bathen sie endlich Seine catholische Majestät, die Beschuldigungen, womit sie von ihren Gegnern beschweret wurden, vom
Grunde

Grunde aus, und in gerichtlicher Forme zu durchforschen (a). Der
König hielt ihr Begehren für billig: und nach einigen Jahren, nachdem er die Sache bis auf die geringst 11 Umstände, welche der Wahrheit ein Licht geben konnten, in Erwägung gezogen; fertigte er das
Endurtheil aus, das den Jesuiten so günstig ist. Solches that er nicht
aus Nachsicht, sondern um ihnen die Gerechtigkeit widerfahren zu lassen, die ihnen nach aller Schärfe des Rechtes gebührete.

II. Dieses Endurtheil nun, welches seinem Innhalte nach von der
höchsten Wichtigkeit; zu Folge der Urkunden, worauf es beruhet, von
der sichersten Wahrheit; und des königlichen Ansehens halber, worauf
es sich stützet, ganz unwidersprechlich ist, entscheidet in dem IV Artikel
die Frage, ob die Verwaltung der Habschaften dieser Pflanzstädten den
Jesuiten, wie man vorgiebt, einen Nutzen bringe, mit nein (b): „Man
„ weiß aus eingeschickten Berichten, darüber gehaltenen Berathschla-
„ gungen, und andern hieher gehörigen Urkunden, daß wegen der dum-
„ men und faulen Gemüthsart der Indianer in Verwaltung ihrer Gü-
„ ter, einem jeden jährlich ein Stück Landes zum Bauen angewiesen
„ werde, wovon er sich und sein Haus ernähren kann. Das übrige
„ von dem Erdboden ist gemeinschaftlich: und in Ansehung der gemei-
„ nen Saaten, der eßbaren Wurzeln, und der Leinwand wird alles
„ durch die Hände andrer Indianer, welche unter der Aufsicht der Mis-
„ sionarien stehen, in jeder Pflanzstadt verwaltet. Eben dieses geschieht
„ auch mit dem Kraute, (Paraguay genannt) und mit dem Viehe.
„ Alle diese Dinge werden in drey Theile getheilet. Einer wird der kö-
„ niglichen Schatzkammer als eine Anlage bezahlt, wovon der hinläng-
„ liche Unterhalt der Missionarien abgezogen wird. Der andere wird
„ auf die Erhaltung und Auszierung der Kirchen gewendet: der dritte
„ aber ist zum Unterhalte und zur Kleidung der Wittwen, Waisen,
„ Kranken und Gebrechlichen, wie auch für die, welche von Hause ent-
„ fernet sind, und endlich zu andern vorfallenden Bedürfnissen bestim-
„ met. • • • Jede Pflanzstadt hat ihren indianischen Oberhaushalter,
„ ihre Rechnungführer, ihre Rentmeister und Vorrathsverwahrer,
„ welche von dieser Verwaltung genaue Rechenschaft einziehen, und in
„ ihren Büchern alles, was von den Früchten ihrer Pflanzstadt ein-
„ und ausgeht, aufgezeichnet haben. „

IV. Der

(a) S. V Th. 83. und 104 Blat.
(b) Siehe V Th. 93 Blat.

III. Der Eid, wodurch die Jesuiten verfprechen, fich weder als ein Darlehen, noch als ein Ehrengefchenk, noch als ein Allmofen das geringfte zuzueignen, was den Indianern gehöret, wird mit folchem Eifer gehalten: daß zween große Bifchöfe aus zween unterfchieblichen Ordensfländen, welche diefe Miffionen beyde befuchet haben, Faxardo und Peralta, an den König Wunder davon gefchrieben haben. Faxardo lobete ihren großmüthigen Uneigennuß: Peralta aber rühmte die liebreiche Weife an, womit fie die Güter diefer elenden Leute verwalten. „Diefes gefchieht um fo viel richtiger, faget König Philipp in feinem „ gerichtlichen Endurtheile (c), je fchärfer der Befehl des Generals der „ Gefellfchaft an die Miffionarien ift, keine eigenthümliche Sache der „ Indianer weder unter dem Vorwande eines Allmofens, noch eines „ Darlehens, oder fonften auf eine Art in ihren eignen Nußen zu ver „ wenden: weßwegen fie gebunden find, dem Provinzjale von ihrer „ Ausgabe und Einnahme genaue Rechenfchaft zu geben. Dieß ift es „ was der weiland hochwürdigfte Bifchof von Buenos Ayres Jr. Pe „ ter Faxardo bekennet, und · · · bezeuget, er habe in feinem Leben „ keine größere Ordnung gefehen, als in diefen Pflanzftädten, und kei „ nen Uneigennuß, der diefem Uneigennuße der Jefuiten gleich „ gewefen wäre: als welche von den Indianern weder zur Nahrung, „ noch Kleidung das geringfte nehmen dörften. "

IV. Zu deffen Beftätigung führet König Philipp (d) das Schreiben des Herrn Bifchofs Peralta, eines Dominicaners, an, der die Befuche der Pflanzftädte von Amts wegen vorgenommen hatte. „ Mit „ diefem Berichte ftimmen andere nicht weniger glaubwürdige überein, „ befonders aber diejenigen, welche mir leßens durch den hochwürdig „ ften Bifchof zu Buenos Ayres Don Jofeph Peralta von dem Orden „ des Heil. Dominicus in einem Sendfchreiben vom 8 Jänner im ge „ genwärtigen Jahre 1743 eingefchicket worden find. Denn in den „ felben erzählet er, wie er die Pflanzftädte feiner Gerichtbarkeit, und „ auf Gutheißen des Capitels, als der bifchöfliche Siß von Paraguay „ leer ftand, auch viele andere hieher gehörige Pflanzftädte befuchet habe. „ Er rühmet in Sonderheit die gute Erziehung, welche die Miffiona „ rien ihren Indianern angedeihen laffen, und bezeuget, daß die In „ dianer fowohl in den Dingen, welche zum Gottesdienfte gehörten, als „ in dem, was den königlichen Dienft und ihre weltliche Regierung be „ trift,

D

(c) S. V Th. 93 Bl.
(d) 93 · 94 Bl.

„ trift, dermaſſen wohl unterrichtet wären, daß er ſich nicht anders
„ als ungern von ihnen losreiſſen könnte. “ Bis daher der König.

V. Man muß alſo ſagen: ſo klar hiedurch dem Monarchen der
Uneigennutz der Miſſionarien, die Beobachtung ihres Eides, und die
Rechenſchaft, die ſie ihren Obern geben müſſen, vor den Augen lagen:
ſo klar ließ ſich im Albunate der Geiſt der Verleumdung, der Lügen
und Bosheit entdecken. „ Ich habe mich entſchloſſen, ſpricht der Kö-
„ nig (e), ein königliches Schreiben auszufertigen, um dadurch dem
„ Provinziale meine Erkenntlichkeit, und die Zufriedenheit anzudeuten,
„ mit welcher ich die Verleumdungen und Betrügereyen eines Albunate
„ bey dem hellen Glanze ſo triftiger Rechtfertigungen gänzlich verſchwin-
„ den ſehe. “ Er befiehlt, daß die Jeſuiten in Paraguay zum Wohl
ihrer Bevölkerungen auch künftighin alles thun ſollen, was ſie mit ſo
großem Nutzen derſelben bisher gethan hätten. Noch mehr: er will,
daß die Jeſuiten über ihre Felder, Waaren, Handelſchaft, mit einem
Worte über alle ihre Habſchaften die Aufſicht führen ſollen. Deßwegen beſchlieſſet der König den IV Artikel (f), welchen die Notenmacher
ſo unbehutſam auf die Bahn bringen, „ deßwegen iſt mein königlicher
„ Wille, daß man in dieſer Verwaltung der Güter keine Neuerung
„ einführe, ſondern daß ſie mit guter Zufriedenheit, und zum gemein-
„ ſchaftlichen Nutzen der Indianer ſelbſt alſo fortgeſetzet werde, wie ſie
„ vom erſten Anfange ihrer Einrichtung bis auf dieſen Tag geweſen iſt;
„ und die Miſſionarien nichts als blos die Stellen der Aufſeher vertre-
„ ten. Durch dieſe Aufſicht wird der Misbrauch und die üble Wirth-
„ ſchaft mit ihren Gütern verhindert, welche Dinge man in den an-
„ dern Reichen und Pflanzſtädten von beyden Indien vor dieſem ſo oft
„ erfahren und beklaget hat. “

VI. Gleich darauf kömmt er auf den Titel der Beſchützer, den
die Miſſionarien vorhin geführet ; nachmals aber durch verſchiedene
Verleumdungen verlohren hatten. Hier iſt folgendes zu leſen (g):
„ gleich durch das Endurtheil im Jahre 1661 der Befehl ergangen iſt,
„ daß ſich die Miſſionarien nicht mehr Beſchützer der Indianer nennen
„ ſollten: ſo iſt doch dieſes Verboth keiner andern Urſache halber ge-
„ ſchehen, als weil ſie angegeben worden, ſie hätten ſich in die geiſtliche
„ und weltliche Gerichtbarkeit eingedrungen, und verhinderten durch den
„ Titel der Beſchützer die Einfoderungen der Abgaben. Nun aber ſey
„ der

(e) S. V Th. 106 Bl.
(f) S. V Th. 94 Bl.   (g) 94 Bl.

„ ret man, daß dieses so wenig mit der Wahrheit übereinkomme, daß
„ vielmehr das Wiederspiel davon aus deutlichen Gründen erweislich
„ ist; und daß sie diesen Schutz und diese Vertheidigung allein deßwe-
„ gen über sich genommen haben, damit sie die Indianer im Geistlichen
„ und Weltlichen besser anführen könnten. Deßwegen hab ich billig
„ befunden, die Wahrheit dieser Begebenheit ans Licht zu setzen und zu
„ verordnen, gleichwie ich sie hiemit ans Licht setze und verordne, daß
„ die gegenwärtig in den Pflanzstädten festgestellte Regierart auf keine
„ Weise geändert werden soll. “

VII. Ziehen nun die Jesuiten in den Missionen von Paraguay
nichts als ihren Unterhalt, welchen ihnen der catholische König giebt;
reden zween große Bischöfe, und Glieder verschiedener Orden, die ihre
Besuche mit der höchsten Wachsamkeit verrichtet haben, dergestalt von
ihrem Uneigennutze; haben endlich die Missionarien nur die bloße Aufsicht über die Güter dieser Völkerschaften; und zwar ohne ihren Vortheil, lediglich zur Wohlfahrt der Indianer, und auf königlichen Befehl: so zeigen ja die Verfasser der Anmerkungen allzu viel Verwegenheit, da sie diese höchstbemühten Missionarien als verächtliche Krämer
ausschreyen, und ihnen Schätze und Gewerbe vorwerfen, wovon sie
doch nie geträumet haben.

XLII Artikel.

Von den Jesuiten in Paraguay.

IX Anmerkung, 56 S.

Imgleichen liegt in dem Archive von Ausbreitung des Glaubens der angeführte Brief des gottseligen Palafox an In-
nocentius XI, aus welchem man die Handelschaft ersieht, die
besagte Geistlichen in Paraguay bis auf jene Zeiten getrieben;
eine Handelschaft von allerhand Waaren, so daß sie sogar öffentliche Kaufläden hielten, u. s. f. Man sieht, daß solches ohne
Unterbruch fortgegangen ist.

Ant-

Antwort.

Der Ausspruch König Philipps zu Gunst der Jesuiten.

I. Sehet nur, die unterschobnen Schreiben des Palafox, die Jesuiten in Paraguay, ihr Handel, ihre Kaufmannschaft müssen aufs neue
ins Feld. Wohlan, so wollen wir unserer Seite den catholischen König ebenfahls von neuem auftreten lassen. Ich will sehen, wer sich un-
terstehen wird, sein Zeugniß umzustossen, welches die reife Ueberlegung
des Rathes gründet, die Würde seiner königlichen Hoheit heiliget, und
die Deutlichkeit des Ausspruches außer allem Zweifel setzet.

Schreiben Seiner catholischen Majestät an die Obern und Priester der Gesellschaft JEsu in Paraguay. (a)

   „ Der König.

  „ Ehrwürdiger und andächtiger Pater Provincial, wie auch an-
„ dere Obern und Priester der Gesellschaft JEsu, unter deren Sorge
„ die Missionarien meiner Gerichtbarkeit von Paraguay und Buenos
„ Ayres in meinen Gebiethen von Peru stehen. Mein indianischer Rath
„ hat den Handel, betreffend den Fortgang besagter Missionen, und
„ andere dazu gehörige Puncte, welchen so viel unterschiedliche Urkun-
„ den, Schriften, Befehle, Berichte seit einem Jahrhunderte bis auf
„ den heutigen Tag überaus schwer gemacht haben, untersuchet und in
„ reife Ueberlegung genommen. Unter andern Stücken ist mir in der
„ Rathsversammlung vom 22 May folgendes eingereichet worden: Der
„ Beystand, welcher in den Völkerschaften dieser Missionen den
„ Kirchen geleistet würde, wäre allen Berichten zu Folge uner-
„ müdet: der Gottesdienst würde mit der höchsten Anständig-
„ keit verrichtet, und die Kirchen mit silbernen Geschirren und
„ anderm Schmucke sehr wohl versehen: so daß der göttliche Dienst
„ weder genauer, noch prächtiger, noch andächtiger seyn könnte, als
„ er ist. Eben dieses haben die hochwürdigen Bischöfe, welche die be-
„ sagten Bevölkerungen besuchet haben, in ihren Berichten bezeuget:
„ und endlich hat es der wirkliche Bischof von Buenos Ayres in seinem
„ Schreiben vom 8 Jänner des laufenden Jahres bestätiget und be-
„ währet. Alle diese Kundschaften kommen mit denen überein,
                                                  „ Wel-

(a) Siehe das Endurtheil in der neap. Ausz. 1744, 63 Bl.

„ welche selbst von den Widersachern der Gesellschaft eingeschickt
„ worden.　　Da mir nun solch ein Umstand sehr lieb ist, und zum
„ Dienste GOttes überaus viel beytragen kann ; von dessen Macht
„ und Beystande ich zu Beförderung des catholischen Glaubens in
„ diesen Landschaften, und zum Zuwachse der Vasallen meiner Kro-
„ ne Hofnung fasse : so hab ich beschlossen, wie ich hiemit thue, euch
„ meine königliche Erkenntlichkeit mit jener Ausdrückung des Ver-
„ gnügens anzudeuten, welche euer Eifer und Fleiß in diesem Stü-
„ cke von meiner Güte verdienet hat.　Ich hoffe, ihr werdet solches
„ mit allem Nachdrucke zu thun fortfahren, und zu gleicher Zeit, so
„ viel an euch ist, mit eben dem Eifer die Beobachtung alles dessen
„ befördern, was ich in dem Endurtheile, welches unter eben diesem
„ Tage über alle die aus diesem Handel gezogenen Puncte ausgeferti-
„ get worden, vorschreibe und verordne. Dieses Endurtheil wird euch
„ von meinem unterschriebenen Secretäre überschicket werden, damit
„ ihr aufs genaueste davon berichtet seyd.　Ich hoffe, ihr werdet mir
„ sowohl von richtiger Einhändigung desselben, als auch in allen Ge-
„ legenheiten, wo sich betreffend die angemerkten Puncte irgend was
„ ereignet, was ich wissen soll, schleunigen Bericht erstatten : so wie
„ es mein königlicher Dienst erfodert.

　„ Buenretiro den 28 Christm. 1743.

　　„ Ich der König.

　　　　　„ Auf Befehl des Königs unsers Herrn
　　　　　„ D. Michael von Villanueva.

XLIII Artikel.

Von den Jesuiten in Paraguay.

IX Anmerkung, 71 S.

Im vorigen Jahrhunderte haben sie die Europäer wohl gar
　　überreden wollen, ihre Missionarien in America, oder besser zu sagen ihre Kaufleute, wären arme Söhne des Heil. Ignatius von Lojola u. s. w.

Antwort.

Wird gezeiget, wie viel der königliche Ausspruch Philipp V beytrage, die Unschuld der heutigen Jesuiten in Paraguay darzuthun.

1. Hat es den Meistern der Anmerkungen beliebet, nicht nur einmal, sondern öfter auf diesen gebenedeyten Gegenstand, den Paraguay hinzufallen: so mögen sie sich allerdings belieben lassen, nicht einmal, sondern öfter vom Könige in Spanien Philipp V feyerlich der Lügen überführet zu werden. Zu dem Ende bring ich ein anders Schreiben Seiner catholischen Majestät auf die Bahn, welches an den Provinzial der Jesuiten in Paraguay abgegangen ist. Daß ist die schönste und stärkeste Schutzrede, die sie zu Vertheidigung ihrer Unschuld, auch die jetzigen Händel von Paraguay belangend, immer aufweisen können. Es ist dieses Stück dem Endurtheile des catholischen Königs Philipp V in der neapolitanischen Auflage von 1744 beygedrucket. (a)

Schreiben Seiner catholischen Majestät an den Provinzial der Gesellschaft JEsu in Paraguay.

„ Der König.

„ Ehrwürdiger und andächtiger Pater Provinzial der Gesellschaft
„ JEsu, unter deren Sorge die Missionen meiner Gerichtbarkeit von
„ Paraguay und Buenos Ayres in meinen Gebieten von Peru ste-
„ hen. In meinem königlichen indianischen Rathe sind alle die Acten,
„ Urkunden, und andre bewährte Schriften untersuchet und eingesehen
„ worden, die seit einem Jahrhunderte her über den Zustand und
„ Wachsthum der gedachten Missionen, und über die Regierung der
„ Pflanzstädte, worinn selbe errichtet sind, verfertiget worden. Nach-
„ dem nun der besagte Rath mit dem genauesten Fleisse, und mit rei-
„ fer Ueberlegung auf alle Umstände eines solchen Handels aufmerksam
„ gewesen: hat er mir in der Rathsversammlung vom 22 May dieses
„ Jahres die Hülfsmittel vorgestellt, die er am zuträglichsten fand für
„ den göttlichen und meinen Dienst, wie auch für das Wohl jener In-
„ dianer, welche als so getreue, und meiner königlichen Krone so nütz-
„ liche Vasallen von meiner Güte die Aufmerksamkeit und den Schutz,
„ dessen sie genießen, allerdings verdienet haben. Da ich nun von die-
„ sen Vorkehrungen, so wie auch von allen besondern Umständen, die
                                          „ da-

(a) S. 65 S.

„ dahin einschlagen, wohl unterrichtet bin; und zugleich die königlichen
„ Verordnungen, welche über irgend einen Punct davon ausgefertiget
„ worden, vor Augen habe: so hab ich den Entschluß gefaßt, den ihr
„ aus dem heutigen königlichen Endurtheil: verstehen werdet. Ich habe
„ solches durch meinen Secretär in diese Gebiethe abschicken lassen, da-
„ mit es desto pünctlicher und schleuniger vollzogen werde. Man wird
„ dasselbe euch ebenfalls mittheilen, damit ihr es, was euch angeht,
„ getreulich beobachtet; und zu gleicher Zeit alles, was darinn enthal-
„ ten ist, handhabt und beförbert. Was nun immer im gedachten
„ Befehlschreiben angemerkt wird, zeiget augenscheinlich, daß wahr-
„ haften Begebenheiten zu Folge die Völkerschaften dieser In-
„ dianer in der größesten Unterwerfung gegen meine Oberherr-
„ schaft leben, die man von Vasallen nur immer fodern kann;
„ und daß die Verordnungen meiner königlichen Schutzgerech-
„ tigkeit, wie auch sowohl die geistliche als königliche Oberge-
„ walt in ihrer Kraft und Wirkung erhalten werden. Dieses er-
„ hellet aus den Berichten der hochwürdigsten Bischöfe, die sie mir
„ von ihren Besuchen eingeschicket haben; und aus dem, was mir von
„ den Stadthaltern angezeiget worden. Sie haben mir den blinden
„ Gehorsam vorgestellet, womit besagte Vasallen allzeit fertig stehen,
„ meine Befehle zu erfüllen; sowohl zu Beschützung des Landes, als
„ irgend zu einer andern Unternehmung: zumal da sie auf den ersten
„ Wink des Stadthalters jene Anzahl bewafneter Indianer herstellen,
„ welche die Noth erfodert. In Betrachtung dessen hat es mir gefal-
„ len, euch, wie ich dann durch diese Ausfertigung thue, meine Er-
„ kenntlichkeit anzudeuten, mit welcher ich euern Eifer, wie
„ auch den Eifer der übrigen Vorgesetzten und Untergebenen
„ dieser Missionen in allem ansehe, was zur guten Erziehung
„ derselben Indianer, zur Aufrechthaltung ihrer Gottesfurcht,
„ der schuldigen Unterthänigkeit in meinem königlichen Dienste,
„ und des regelmäßigen Wandels in dem bürgerlichen Leben zu-
„ träglich ist. Und so sind vermittelst so vieler Rechtfertigun-
„ gen und andrer alles Glaubens würdigen Urkunden die Ver-
„ leumdungen und Betrügereyen verschwunden, welche man wi-
„ der euch ausgestreut, und mir auf mancherley Wege, dem
„ Scheine nach aus Eifer, in der That aber aus lauter Bos-
„ heit, hinterbracht hat. Ich hoffe, sowohl ihr, und eure Nach-
„ folger, als die übrigen Untergebnen, die sich vermittelst der eurem
„ Heil.

„ Heil. Orden eigenthümlichen Beschäftigungen um die Wohlfahrt die-
„ ser meiner Herrschaften annehmen wollen, werdet alle mit eben dem
„ Eifer und Fleiße fortfahren, gedachte Pflanzstädte anzubauen, und
„ für die Indianer Sorge zu tragen; wie auch, wo ihr irgend eines
„ Mittels benöthiget seyd, mir davon genauen Bericht erstatten, da-
„ mit ich jene Vorkehrungen treffen möge, die ich für die ersprießlich-
„ sten halten werde.

„ Buenretiro den 28 Christm. 1743.

       „ Ich der König.

         „ Auf Befehl des Königs unsers Herrn.
         „ D. Michael Villanuava.

       Erinnerung.

     Weil eben hier von den Händeln in Paraguay die Rede ist,
so will ich mit dieser Gelegenheit etliche Stellen einer Schrift
beyfügen, welche mir in einer ganz andern, und vielleicht nie-
malp zu Stande kommenden Absicht zugeschicket worden.

     Was braucht es viel, die Aufführung der Missionarien in Para-
guay zu rechtfertigen? Ist etwa das Zeugniß des Herrn von Car-
nas nicht schon im vorigen Jahrhunderte ausgerauschet worden? Wuß-
ten wohl die Herausgeber nichts von seinen Falschheiten; oder wollen sie
dieselben mit Bedacht, und Dreistigkeit wieder auf die Schaubühne
bringen? So ist es: die Jesuiten müssen verleumdet seyn: und man
mann muß sich anstellen, als ob er nicht die geringste Unwahrheit in den
Beschuldigungen fände. Dieß sieht man alle Tage in den fälschlich angezogenen Sätzen der Sittenlehre. Da doch in allen Buchläden
den Jesuiten Schriften liegen, die man nachsehen kann; und die
Falschheiten der veränderten oder übel verstandenen Anführungen
durch wiederholte Antworten aufgedecket worden: so fähret man
immer fort, alle Grundregeln ehrlicher Sitten zu mißbrauchen. Die
Klagen von Paraguay hat man allzeit als falsch erkannt? Doch sind sie
noch immer erneuert, und diese letzten zwanzig Jahre wohl dreymal ins
Feld gestellet worden.

     Wir rathen indessen den Liebhabern der Wahrheit das vortreffliche
Werk des Muratori, glückseliges Christenthum, zu lesen, woraus
man die Verdienste dieser Missionarien klar genug ersieht. Die letzten Begebenheiten betreffend darf man nur den Proceß lesen, der in

                                        Ame-

America selbst am 7 Horn. 1759 mit den richtigsten Förmlichkeiten ver-
fertiget worden. Er ist am Ende des V Theiles dieser übersetzten
Schutzschriften zu finden. Absonderlich lese man am 112 Blatte den
Anfang des besagten Processes: Es sind uns u. s. s.
Der Ausspruch hängt mit den Zeugnissen vollkommen zusammen.
Man kann diesen auf der 145 Seite finden, da er mit diesen Worten
anfängt: Er müßte seines Theils. Endlich können wir nebst den
Vorkehrungen, welche von dem höchsten Rathe der Heil. Inquisition,
und aller Bischöffe von Spanien für die Unschuld der Jesuiten getroffen
worden, die letzten Beweisthümer von Seiner catholischen Majestät
anführen, die von den Jesuiten zu einer Zeit, da tausend Absichten und
tausend Betrachtungen Verschub und Stillschweigen riethen, gewiß
nicht erschlichen worden sind. Als Seine Majestät der König am Ende
des verwichenen Jahres den Vertrag zwischen dem spanischen und portugesischen Hofe, wie man uns in öffentlichen Zeitungen versichert hat,
vernichtete, hat er den Jesuiten seinen Trost durch deutliche Ausdrückungen kund gethan: und hierauf hat er erlaubet, daß nicht nur 30,
sondern 60 Missionarien, sie mochten gebohrne Spanier, oder in seinem Gebiethe befindliche Ausländer seyn, von Spanien zu den Missionen von Paraguay abreisen, und seiner königlichen Freygebigkeit genies-
sen dorften. Eben die öffentlichen Zeitungblätter, welche sich nicht ent-
brechen können, der Welt von dem königlichen Befehlschreiben unterm
5 Christm. 1760 Nachricht zu ertheilen, bemerken sehr wohl, daß jedermann vermuthet hätte, die Jesuiten von Paraguay würden nach so
vielen Anklagen, die man der Sage nach aus der Staatskanzley beyder
Höfe erhoben hat, bey dem Kopfe genommen und nicht so schmeichelhaft
gehalten werden. Die ganze Welt, saget der Postillon im VII Stücke des lauffenden Jahres von Madrid aus, hätte beym Anfange der
wider die Gesellschaft in Portugall vorgefallenen Neuigkeiten geglaubt, man würde auch einige Stürme davon zu Cadix ver-
spüren, nachdem die bittersten Klagen, die von dem Hofe zu
Lisabon wider sie kund gemacht worden, selbe sowohl in Ansehung Westindiens, als der spanischen Monarchie verschwärzet
haben. Man muß aber sagen, daß man daselbst in eben der
Meynung stand, als wie hier, unser Hof nämlich würde eher
nichts vornehmen, als bis er ein Geschäft von so großer Erheblichkeit aufs schärfste und mit der größten Richtigkeit untersucht
haben würde.

E   Letzt-

Letztlich wollen wir aus eben diesen öffentlichen Zeitungen ein Stück eines Briefes von Sevilien vorlegen, welchen Herr Raballos Stadthalter von Buenos Ayres an Don Didacus von Gusman seinen Bruder abgelassen hat. Er schreibt von St. Borgia in Paraguay den 29 Winterm. 1759: „ Was diesen Handel betrift, ist es unmöglich, in „ einem kurzen Briefe davon zu reden: und also werde ich ganz kurz „ sagen, so viel hinreichend ist, einen Begrif von dem zu machen, was „ vorgefallen ist. Als ich in diesen Missionen anlangte, waren viel „ tausend Indianer auf den Gebirgen und Feldern dieses weitschichtigen „ Landes zerstreuet: welches eben Ursache war, daß der vorgedachte „ Commissar den getroffenen Tausch der Pflanzstadt vom St. Sacra„ mente nicht vollziehen wollte. Allein mit der Gnade Gottes, und „ nach vielen Müheseligkeiten, welche die Geistlichen der Gesellschaft in „ Vereinigung derselben übertragen haben, hat man sie, ehe ein Jahr „ verstrichen war, alle zusammen gebracht. Und wiewohl ich den Hof „ vollständig davon berichtet habe, ist mir doch bisher noch keine Ant„ wort zugekommen, vermuthlich wegen der Aenderungen, welche un„ terdessen bey Hofe vorgegangen sind. Die Untreue der Portugiesen „ ist meines Erachtens durch unwidersprechliche Proben eben so klar am „ Tage, als die Liebe und Treue, womit die Jesuiten dieser Provinz „ zur Zeit der Vollstreckung des Vertrages dem Könige gedienet ha„ ben. Ich weiß, daß Sie ganz anders werden haben reden gehört: „ so viel Unwahrheiten haben ihre Feinde, besonders die Portugiesen, „ wie auch unser Commissar der Markgraf von Valdelirios ausge„ streuet, als welcher mit denselben eins ist, seine schlimme Aufführung „ auf solche Weise zu bemänteln. Die armen Indianer wurden durch „ so viel Drangsalen, die man ihnen auflud, beynahe zur Verzweiflung „ gebracht. Ich habe mich beflissen, das üble Verfahren der Portu„ gesen durch meine Gutthaten zu ersetzen: und ich kann mich rühmen, „ daß sie jetzt alles thun werden, was der König befehlen wird; und „ daß sie bey vorfallenden Kriegsnöthen ihr Leben für den Dienst Sei„ ner Majestät aufopfern werden. So viel kann ich Ihnen kürzlich „ sagen. “

Ich hoffe, mein Leser wird mit eben dem Vergnügen eine Stelle von einem andern Schreiben des gnädigsten Herrn Bischofs von Paraguay lesen, welches am 19 Märzen 1760 an D. Joseph von Molina abgelassen worden.

„ Nach-

„ Nachdem ich die Besuche aller Pflanzstädte der Jesuiten in Pa-
„ rana, die mich angehen, vollendet habe, befand ich mich nicht mehr
„ so übel: weil mir hiedurch die Betrübniß benommen wurde, die ich
„ über den traurigen Ueberrest der bey den elenden Indianern der sie-
„ ben Völkerschaften vorgegangenen Niederlagen empfunden habe. Ich
„ habe von allem Seine Ere lenz den Herrn Stadthalter mit der Auf-
„ richtigkeit und Wahrheit, die meinem Range zusteht, berichtet, und
„ mein Urtheil ganz freymüthig und ohne Leidenschaft gegeben. Sein
„ Urtheil aber war, nihil immutetur, es solle in den Pflanzörtern der
„ Gesellschaft nichts geändert werden. Er schliesset hierauf den Brief
„ also: Heut sind wir hier (in der Himmelfahrtstadt) mit mehr als
„ dreyhundert Bay (indianischen Völkern) eingetroffen, welche schon
„ zum zweytenmale die Priester der Gesellschaft verlangen, um unter
„ ihrer Anführung und Lehre unsern Heil. Glauben anzunehmen. Und
„ gleichwie dieser Zufall für die Jesuiten eben recht war, so hat der P.
„ Rector beschlossen, ihnen zween Missionarien zu geben, welche am
„ nächsten Freytage mit ihnen von hier abreisen werden. Wir erwar-
„ ten alle nichts anders als einen herzlichen Gewinn von dieser Bekeh-
„ rung: zumal da alle Zeichen eines höhern Berufes, so viel wir ver-
„ muthen können, vorhanden sind. Die Geistlichen werden außer der
„ ewigen Belohnung das Zutrauen auf ihren apostolischen Eifer erwer-
„ ben, wenn dieses Zeugniß der Wahrheit dazu kömmt. Ich ehre dieß
„ alles als ein verborgenes Geheimniß der göttlichen Vorsicht, welche
„ Sie auf viele Jahre erhalten wolle. "

XLIV Artikel.

Von dem P. Celli.

XI Anmerkung, 91 S.

Ich will ihnen sagen, daß heuer im Heumonate 250 Pfund
Vanille aus dem Haven zu Cadir auf dem Schiffe, die
schwedische Freyheit genannt, an den P. Celli nach Genua
übermacht worden.

Antwort.

P. Maugeri schicket durch den P. Celli 240 Pfund wilde Vanilie zu einem Pfleghause armer Mägdlein nach Vezzini in Sicilien. Falschheit der Notenmacher in dieser Erzählung.

I. Die armen Jesuiten! So gar die Werke christlicher Liebe werden für sie Beschuldigungen! So gar ein mildherziges Almosen ist ein schändliches Gewerb! Der sicilianische Jesuit P. Maugeri, Missionar in Quito, wußte die Dürftigkeit, worinn ein Pflegbaus armer Töchter in seiner Vaterstadt Vezzini lebt, und schickte zur Linderung ihres Elendes zweyhundert vierzig Pfund, nicht gute, sondern wilde und nur brasilianische Vanilie dahin. Damit nun diese Beyhülfe sicher in ihre Hände kommen möchte, bath er den P. Celli in einem Briefe, daß er sie zu Gelde machen, und den Werth davon durch gute Wege nach Vezzini liefern liesse. Dieser glaubte ein Werk der Liebe auszuüben; nicht Handelschaft zu treiben. Er verkaufte die Waare zu Genua, wo er sie um vierhundert achtzig Thaler an Mann brachte. Er schickte das Geld also gleich vermittelst des P. Rectors zu Vezzini den geistlichen Schwestern des besagten Pfleghauses zu, welche von der Richtigkeit dieser Erzählung Zeugniß geben, so oft mans verlanget.

II. Nun betrachte man nur die wunderthätige Gütigkeit der Notenmacher: aus brasilianischer Vanilie machen sie gute und kostbare; und folglich aus vierhundert achtzig Thalern aufs wenigste dreytausend: und damit sie den Werth fein hübsch auf eine runde Zahl brächten, haben sie, wie ich dafür halte, für gut befunden, die Zahl der Pfunde ein wenig höher zu setzen. Und endlich, großer GOtt! anstatt sich zu erbauen, daß ein Missionar jene Waare von dort aus in ein Land schicket, wo sie selbst wächst, und zwar um einen schlechten Preis, nicht etwa zu seinen Aeltern, nicht zu seinen Jesuiten, sondern zum Behufe eines armen Weysenhauses; anstatt den P. Celli zu loben, daß er aus Liebe solch eine Mühe über sich genommen; wird alle christliche Liebe unter der Mumme der Kaufmannschaft vorgestellet.

XLV Ar-

XLV Artikel.

Von dem P. Celli.

XI Anmerkung, 91 S.

Gedachter P. Celli hat im Märzmonate dieses Jahres die nach
Rom bestimmte Barke Jacobs Biffo mit verschiedenen Tonnen Cacao (einer indianischen Frucht, woraus man die Schockolade
macht), mit fünf Kisten Zucker, und andern Waaren beladen.

Antwort.

Anständige Merkmale der Höflichkeit des P. Celli werden in eine
gewinnsüchtige Handelschaft verwandelt.

I. Haben die Notenmacher den liebvollen Beystand, welchen die
Jesuiten armen Pfleghäusern leisten, wie oben gesagt worden, als das
sträflichste Gewerb ausgeschrien: so ist es kein Wunder mehr, daß
auch die Zeichen einer aufrichtigen Freundschaft Handel und Habsucht
heißen müssen. Es war an dem, daß nach dem Tode des P. Aloysii
Centurioni, Generals der Gesellschaft, im J. 1758 die Wahlver-
sammlung eröfnet werden sollte. Da P. Celli inne ward, daß unter
denen Jesuiten von Spanien, welche Stimmen zu geben hatten, einige wären, denen er besonders verpflichtet war: so hielt ers für seine
Schuldigkeit, selben zu Rom mit einem Geschenke von Schockolade
aufzuwarten, sowohl zu ihrem eignen Gebrauche bey ihrem ziemlich
langen Aufenthalte in selbiger Stadt, als auch andere in irgend einer Gelegenheit damit zu versehen. Drey Schachteln sandte er also
den Jesuiten von Andalusien, zwo dem P. Procurator der Assistenz
von Spanien, und eine denen von Chile. Er vollzog auch verschied-
ne Befehle, die ihm von andern guten Freunden aufgetragen waren.
Er fertigte zwey Fässer Wein, und zwey Kistlein ab: deren eins dem
P. Procurator von Chile zugehörte, das andere mit Scharlachfarbe
für den Herrn Zelada bestimmet war. Dieß alles weiß man aus dem
Frachtzettel: und der Schiffherr Jacob Biffo, der alle diese Lasten
nach Rom geliefert hat, lebet noch.

C 3

II. Nur

II. Nun sehe man die vielfältigen Tonnen Cacao; die fünf großen Kisten Zucker, und die unschätzbaren Waarungen von allerhand Kaufmannswaaren: wovon ich in der That nicht weiß, ob die Notendichter reden, oder phantasiren.

XLVI Artikel.

Von dem P. Celli.

XI Anmerkung, 91 S.

Und im Heumonate lud P. Celli auf die Barke des .... dreyzehen große Kisten mit Zucker, zwo mit Porzelan, ... kleinere und viel andere Dinge: wie man in den Registern des Mautenhauses zu Genua alles nachsehen kann.

Antwort.

Was P. Celli auf anderer Begehren von Lisaben nach Genua geschickt habe, ohne zu wissen, was es waren. Einbildungen der Notenmacher.

I. Die Verfasser der Anmerkungen müssen wahrhaftig mit guten Vergrößerungsgläsern versehen seyn. Denn sie stellen nicht nur Schachteln als ungeheure Kisten vor; sie lassen nicht nur ... Zahl derselben wachsen: sondern sie zeigen sogar, was darinn ... ist. Nun waren es eilf Schachteln, und nicht dreyzehen ... Daß sie mit Zucker angefüllt gewesen seyn, das sagt ihnen ... rige Einbildung, mit welcher sie alles durchdringen wollen: ... wußte Celli kein Wort davon. Denn wie er sie von Lisaben ... hen hatte, so schickte er sie nach Rom zu dem Br. .... weiter viel nachzusuchen.

II. Wie kommen aber die Mautenregister hieher, wenn alle diese Dinge in dem Zollhause niemals gewesen; wenn sie niemals untersuchet, niemals in die Register eingetragen worden? Nichts ist aufgeschrieben worden, als die Bezahlung für Ueberlieferung des Schiffes, worauf der besagte Vorrath geladen war, welche auf dem Nachen des Pozzolini abgeführet wurde. Zu dem wer weiß nicht, daß von Portugall

tugall entweder gar kein Vanilie oder doch sehr wenig, und überaus selten kommt? Daher können die Notenmacher nicht nur auf keine Weise versichert seyn von dem, was in den zwo Schachteln, die von Vanilie sollen voll gewesen seyn, enthalten war; sondern sie können nicht einmal mit Grunde davon muthmassen.

III. Nebst den eilf kleinen Kistlein, wovon erst gemeldet worden, waren fünf Töpfe Zwieback von Majorca dabey; wie auch ein Faß Wein, eine Schachtel paraguaysches Kraut für den P. Procurator von Spanien, eine andere für einen portugiesischen Priester, da Cesta genannt; und endlich ein Papagay. Für alles dieß bezahlte Celli nicht mehr als zehen Thaler, und achtzig Bajochi Frachtgeld, wie man aus dem Frachtzettel des Schiffpatrons Pozzolini ersehen kann: da er doch sechzig, oder zum wenigsten fünfzig würde haben dran setzen müssen, wenn er die dreyzehen Kisten, die vier Schachteln, und so mancherley andere Waaren, welche den Notenmachern so klar in die Augen fielen, drauf gelegt hätte.

XLVII Artikel.

Von dem P. Tambini und dem P. Celli.

XI Anmerkung, 92 S.

Weil ich den P. Celli, welcher die Wechselbank zu Genua führet, schon genannt habe, muß ich beysetzen, daß dieser Wechsel ein öffentlicher heißen kann: sintemal er wegen großer Menge der Geschäfte genöthiget ist, zween weltliche Jünglinge darauf zu halten. Dergleichen waren unter dem P. Tambini Johann Baptist Vela, und Philipp Oliva. Unter dem P. Celli aber dienen dermalen Joseph Rueneveute, und Johann Sina.

Antwort.

P. Tambini, und P. Celli Procuratoren zu Genua über alle sowohl östlichen als westlichen Missionen, werden thöricht angeklagt, daß sie zween junge Leute zur Erleichterung ihres Amtes halten.

L O

I. O wie schön! Ein Procurator aller der Wohnungen, welche die Jesuiten in Ost- und Westindien haben, soll mit weniger als zweenen Gehülfen zu frieden seyn, so große und so vielfältige Vorschungen zu besorgen, welche aus Italien nach Lisabon für die morgenländischen Missionarien, und nach Cadix für die in den Abendländern müssen abgefertiget werden: allwo sie den Heil. Glauben in sehr großer Anzahl einpflanzen. Was brauchen diese alle nicht zur Kost, Kleidung und Wohnung? Wie viel sind nicht Christenlehrer zu unterhalten, wie viel Kirchen zu versorgen, wie viel Collegien, Spitäler, Schulen, Pflanzstädte, Pfarreyen zu versehen? So viel ist gewiß, daß es andere Orden auch nicht anders machen: denn auch andere haben ihre Verwalter für die Missionen, welche sie hin und wieder unter verschiedenen Namen halten. II. Ja die Congregation von Ausbreitung des Glaubens hat in den ansehnlichsten Städten Gründe, liegende Güter, baar Geld, und Verwaltungen, die Missionarien zu unterhalten, und die Missionen zu versehen.

II. Ueberdem war dem P. Tambini, und seinem Nachfolger P. Celli von Seiner getreuesten Majestät aufgetragen, die ungeheuren Kosten zu besorgen, welche auf die Patriarchalkirche zu Lisabon gewandt wurden, selbe mit Marmel auszuzieren, mit Silbergeschirren zu bereichen, mit nöthigem Kirchenzeuge zu versehen; ja so gar Glocken, Geräth, und Heil. Gefässe herzuschaffen; kurz alles zu bestreiten, was die Herrlichkeit jener Kirche und die Freygebigkeit des Monarchen erheischet. Was wäre es dann für ein Wunder, wenn sie nicht nur zwo, sondern weit mehr auswärtige Personen zu Hülfe genommen hätten? Eben daraus, daß sie sich weltlicher Leute dazu bedienet haben, läßt sich auf die Richtigkeit ihrer Aufführung, auf die Ehrlichkeit ihres Betragens, und auf die Größe ihres Uneigennutzes schließen. Sie müßten wohl sehr einfältig gewesen seyn, wenn sie bey Antretung ihres Handels, bey Eröfnung der Wechselbank, bey Bestückung des Gewerbes zween junge Leute angemiethet hätten, welche über lang oder kurz, aus Unbedacht oder Bosheit, aus eigner oder fremder Eingebung ihre Kaufmannschaft aufdecken, oder gerichtlich bezeugen könnten.

XLVIII Artikel.

Von dem P. Cabral.

XI Anmerkung, 61 S.

Wem kann der öffentliche Wechsel hier in Rom unbekannt seyn, den die Jesuiten in dem Profeßhause, wie in allen andern Handelsstädten von ganz Europa, führen? Wenige werden ein Geld unter sich haben, die nicht mit Wechselbriefen von den Jesuiten oder von ihren Wechselbänken versehen sind. Es ist nicht lange, daß mir zweene eingehändiget worden, wovon ich hier die Abschrift hersetze.

„Rom den 31 Heum. 1754.

„ Binnen sechzig Tage von heut an werden Eure Ehrwürden be-
„ lieben, gegen diesen meinen dritten Wechselbrief auf Befehl des Herrn
„ Grafen Soderini unter einmal 600000 Reis, welche Summe eben
„ derselbe in baarem Gelde erleget hat, zu bezahlen, und nach Be-
„ richt anzusetzen.

„ An den wohlehrwürdigen P. Hiacynth da Costa der Gesell-
„ schaft JEsu.

„ Antonius Cabral.

Ich lasse die Abschrift des zweyten aus, weil sie einander ähnlich sind, außer daß der letztere von 500000 Reis ist.

Antwort.

Von dem P. Cabral. Seine Wechselbriefe sind im Namen des Königs in Portugall gemacht worden, dessen Verwalter er zu Rom war. Ob dergleichen Briefe ohne Aufgeld zu verwerfen seyn. Ob Cabral ein Aufgeld davon genommen habe. Wie viel sechshundert tausend Reis nach römischer Münze ausmachen.

1. Diese Beschuldigung hat einen großen Schein der Wahrheit, darum muß man sehen, worauf sie sich gründe. P. Cabral (a) that solches in Rom auf ausdrücklichen Befehl Seiner getreuesten Majestät als Verwalter: gleichwie auch P. da Costa zu Lisabon, Tambini und
Celli

(a) P. Cabral starb zu Rom am 8 Horn. 1758.

Celli nacheinander zu Genua von diesem Monarchen über die Unkosten bestellt waren, die dem portugießischen Hofe in Rom zu bestreiten vorfielen. Der König pflegte zu sagen, von den Jesuiten wäre er versichert, daß sie ihn nicht beraubten. Es trug sich zu, daß Cabral nicht im Stande war, verschiedene Schulden nach Begehren des Hofes, für welchen er ungemein viel brauchte, in baarem Gelde vollkommen abzuführen. Er entlehnte dann eine Summe von 600 Thalern von dem Grafen Soderini; und gab ihm dafür einen Wechselbrief, der zu Lisabon bezahlt werden sollte. Dieser ließ ihn dem Quarantotti bekommen: vom Quarantotti empfieng ihn Pavesi, und von diesem, welcher ihn von Rom nach London abschickte. Dort hatte ne Zeit anfänglich Gotthard Hugen, hernach Peter Burden. Von da aus ward er nach Lisabon an Ratnund Dea abgefertiget: und als ihn endlich dieser dem P. Dia sta überreicht hatte, wurde der Glaubiger alsogleich aus der Kammer befriediget.

II. Die bewährten Urkunden dessen liegen in den Archiven der Jesuiten zu Rom unter den Schriften der Verwaltung von Portugal: und das Rechnungbuch, welches Cabral als königlicher Verwalter in Namen Seiner getreuesten Majestät verfasset hat, wird sorgfältig aufbehalten: worinn die Begebenheit, von welcher der Notenschreiber red, schön und hellstralend eingetragen ist. Papst Clemens der XIII hat sie auch vor seinen Augen gehabt. Er hat auch den oben angeführten Wechselbrief gelesen, und die Bosheit der Ehrabschneider erkannt. Wer da will, kann sich selbst mit eignen Augen allen Zweifel benehmen: die Jesuiten werden ihm alles von Herzen gern zeigen.

III. Gesetzt aber auch, Cabral hätte diesen Wechselbrief in seinem Namen abgegeben: wäre wohl dieß verbothen, da er doch kein Aufgeld darauf geschlagen, wie sonst die Wechsler thun? Dergleichen Wechsel treiben Geistliche und Ordensleute täglich auf allerhand Arten. Die päpstlichen Bothschafter bedienen sich desselben am allermeisten, welche in Landschaften sich aufhalten, die von ihrem Vaterlande sehr weit entfernet sind. Und wer es thut, hat keinen andern Nutzen davon, als daß er sich in allen Vorfallenheiten jenes Geldes gebrauchen kann, das er in weit entlegenen Städten besitzt.

IV. Hat doch Cabral, erwiedern die Notenmacher, für die besagten Briefe das Aufgeld wirklich begehret; und zwar ein höheres, als andere Wechselherren. Er that solches, wie er sagte, von den Unterschied

scheid zu erhalten, der sich zwischen den Wechseln der Jesuiten und der
Weltlichen befindet: daß jene niemals verfallen, diese aber täglich abnehmen. Allein ich antworte, dieß sind lauter Sachen, welche die Jesuiten mit eben so viel Dreistigkeit laugnen, als sie ihre Gegner erdich-
ten: ja sie thun es noch weit freyer, weil die königlichen Rechnungbü-
cher, woraus dieß alles erhellet, in ihren Händen sind. Wir haben
gehöret, daß die Hauptsache des Verbrechens grundfalsch sey: fallen nun
jene Umstände nicht von sich selbsten weg, die man bloß dazu setzet, die
Sache fühlbarer, oder abentheuerlicher zu machen? Will man uns aber
von dem gefoderten Aufgelde für die Wechselbriefe so sicher überreden:
warum bringt man nicht gewisse Gegenproben? Warum keine bewährten Urkunden? Kurz, warum läßt man uns von so viel tausend Wechselbriefen, die Cabral und andere Jesuiten nach allen Handelsstädten der
Welt, und an allerhand Leute, welche mit Haufen kommen, ihre Wech-
selbänke zu spicken, sollen geschrieben haben; warum läßt man uns keinen einzigen unter die Augen, woraus der verdammliche Wucher eines
solchen Jesuiten kund würde; und woraus man sehen könnte, daß die
Obern wissentlich dazu geschwiegen hätten?

V. Was die zween besagten Briefe von etlichen tausend Reis betrift, kann man sie keck als Cabrals ganz eigene Geschäfte gelten lassen.
Kluge Leute urtheilen doch immer, daß sie die Notenmacher nicht angeführt haben, die Kaufmannschaft der Jesuiten aufzudecken; sondern vielmehr auf das feyerlichste zu zeigen, an was für Schätzen selbe so überaus reich sind. Die Welt soll erstaunen: zwey Zettel und nicht mehr
sind es, die eine ganze Million enthalten; Was aber? Pfunde Ster-
linge, Doppien, oder Stücke von Achten? Nein: so viel nicht. Es
ist eine Million Reis, oder auf spanisch, Maravedis. Großer GOtt!
Hier hätte man ja bedenken sollen, daß dergleichen abscheuliche Summen von fünfhundert, von sechshundert tausend Reis, nur denjenigen
durch die Zahl erschrecken kann, der nicht portugesisch zu rechnen weiß.
Allein wir wollen sie in unsere Münze verwandeln: was machen sie doch
aus? Eine Baarschaft von wenig Hunderten. Denn ein Thaler machet
tausend Reis. Folglich ist dieser unermeßliche Schatz von sechsmalhun-
derttausend Reis, worüber einige so viel Worte verlohren haben, nicht
mehr als sechshundert Thaler. Doch wir wollen hier stille halten, daß
mit das Werklein nicht dicker werde, als wir es abgezeichnet haben.

Weil man dergleichen Gedichte zu Rom, wo doch die Wahrheit so
leicht zu erfragen ist, mit solcher Schamlosigkeit behaupten darf,

will

will ich davon Gelegenheit nehmen, folgendes Zeugniß hier beyzurücken.

In dem Briefe, welchen der Verfasser des Anhanges zu den Anmerkungen über die Bittschrift des hochwürdigsten P. Generals der Jesuiten an Seine Heiligkeit Clemens den XIII dem Herrn Markgrafen Gabrielli den 22 Christm. 1759 zugeschicket hat, liest man, was folgt. „ Wer hat die Uebersetzungen, Auflagen, und Schutzschriften „ der Irrthümer des Berrujer nach den römischen Befehlschreiben ver„ fertiget? • • • Wer hält in Rom das Vorrathshaus dieser Bücher „ offen? • • • Sie wissen es schon. • • • P. Stefanucci ist es: wel„ chem seine Mitbrüder zum Behufe des Verschleißes als Kundschafter „ dienen, und auch ein gewisser verdorbener Buchführer, von Pisa ge„ bürtig, mit Namen Pasqua, gedienet hat, der in Pilgrimskleidern „ nach Rom gewandert war. Es dauert mich des armen Pasqua: er „ hatte Brod nöthig: und der Schutz des Gottesgelehrten P. Stefa„ nucci konnte ihm aus seinem Elend helfen. Alle wissen, daß er den „ Dürftigen überflüssige Almosen austheilet. Dem P. Stefanucci mag „ vielleicht der Umstand des Fremdlings nicht unlieb gewesen seyn. “

Ich unterschriebner Johann Anton Pasqua, Bürger von Pisa, und Buchführer der Universität von Pisa, bezeuge von diesem Schreiben, meinen Credit zu erhalten, den ein jeder Handelsmann haben muß, und weil ich die Verleumdung verfluche, und die Wahrheit liebe, und bezeuge auf meinen Eid alles, was in diesem Blatte steht; und bin bereit, solches in einem jeden Gerichte zu bestätigen. Es besteht in dem:

Mit meinem Misvergnügen bekenne ich als eine sichere Wahrheit, daß ich den Verkauf eines einzigen Stückes von den Werken des Berrujer, das nur 8 Theile hatte, besorget, und selbes unterschiedlichen Personen eingehändiget habe.

Ich glaubte es verkaufen zu können, ohne in die Kirchenstrafen zu fallen: und dieser mein Wahn war aus folgender Ursache entstanden.

Als ich mich in gerechten und heiligen Absichten als ein Pilgrim zu Rom befand: traf ich einen gewissen P. Dominicus Maria Doni von Sanis, Carmeliter Barfüßer an, den ich schon zu Pisa gekannt habe, ja der gar daselbst mein Beichtvater gewesen war. Diesen freute es, mich wieder zu sehen: und weil er eben nach Toscana zurück reisen sollte, wäre er gern seiner Bücher, deren er viele und unterschiedliche, wie auch unter andern das Werk des Berrujer von acht Theilen hatte, los geworden. Er bath mich also, etliche davon zum Verkaufe zu besorgen.

dern. Ich habe ihm diesen Gefallen erweisen wollen gegen einen ehrlichen Lohn für meine Mühe. Da ich die Bücher des Berruj.r wahrgenommen: zeigte ich dem P. Doni meine Schwierigkeit wegen des mir
bekannten Verbothes derselben. Er gab mir zur Antwort, er hätte die
Erlaubniß, verbothene Bücher zu behalten und zu lesen. Wenn er diese nothwendige Erlaubniß nicht hätte, so würde er mir dergleichen Sachen nicht auftragen. Sollte was übl:s daraus erfolgen, so thäte nur
ers, und nicht ich. Ich sollte nur wohl Acht geb:n, daß es niemand
kaufete, der nicht von der Congregation die Erlaubniß hätte: übrigens
könnte ich im Gewissen sicher seyn. Auf diese Worte fieng ich das Buch
an feil zu biethen mit solcher Sicherheit, daß ichs denen, von welchen
ich wußte, daß sie mit der gewöhnlichen Erlaubniß von der Bücherord-
nung versehen waren, nicht etwa nur auf der Flucht, oder verstohlner
Weise gezeigt; sondern öffentlich unter andern Büchern ausgelegt habe.
Diese meine Sicherheit machte, daß ich mit dem würdigen Priester
D. Ludwig Fortini, Küster der Kirche des H. Apollinaris, davon redete. Er bestrafte und beleuchtete mich, da er mir die neuen sonderbaren Umstände entdeckte, mit welchen die Schriften des Berrujer verbothen waren. Ich verstand die Sache wohl; und trug sie dem P. Doni
unverzüglich zuruck: zugleich gab ich ihm auch die übrigen von seinen un-
verkauften Büchern wieder. Er nahm sie alle wieder zuruck, und
führte sie mit sich nach Toscana.
Ich trug hierauf als ein gehorsamster Sohn der heiligen Kirche,
als welchen ich mich bekenne, Sorge, von den gehörigen heiligen Gerichten die Lossprechung meiner begangenen Uebelthat zu erhalten: gleichwie ich sie durch die göttliche Gnade erhalten habe. So wolle mir
GOtt jene Schuld verzeihen, die ich ungeachtet meiner Sicherheit, und
Unwissenheit bey ihm kann gemacht haben.
Unterdessen ist es grundfalsch, daß ich des P. Stefanucci Kundschafter gewesen sey. Ehe der Brief wider die Zeugschrift des Markgrafen Gabrielli heraus war, habe ich mit diesem Pater niemals einigen
Umgang gehabt, weder unmittelbar durch mich, noch mittelbar durch
andere. Ich habe ihm nur etlichmal zur Messe gedienet, sonst nichts;
und dieses erst nachdem der besagte Brief schon im Drucke war. Ein
einzigmal sagte ich ihm in Eile, da er eben aus dem Hause gieng, ich
hätte mit ihm reden mögen über den Brief, wo ich sein Spion genannt
würde. Er sprach zu mir, er könnte mir dermals nicht Gehör geben:
und nach diesem hab ich mit ihm über den gedachten Punct weder je-

mals

maß unmittelbar zu thun gehabt, noch mit ihm gesprochen. Folglich ist es eben so falsch, daß mir besagter P. Stefanucci ein Almosen gereicht habe. Ich habe weder von ihm, noch von andern durch seine oder eines andern Hände jemals das geringste empfangen, weder vor noch nach der Herausgabe des besagten Briefes.

Es ist auch grundfalsch, daß ich verdorben sey: die ganze Stadt Pisa kann davon Zeug seyn. Mein Bücherhandel und anders Gewerb steht unter der Waltung meines Sohnes beständig offen: als welchem ich schon vorlängst die Besichtigung gegeben habe, den Handel in seinem Namen fertlaufen zu lassen.

Betreffend das Ziel und End meiner Wallfahrt nach Rom, haben weder Betrujers Werke, noch P. Stefanucci, noch was sonst mit diesem Vorgeben einige Verbindung haben könnte, den geringsten Antheil dabey. Es ist wahr: ich besuchte öfters die Kirche des Heil. Maria ris, aber lediglich für meine Andacht, und weil auch daselbst mein Gewissensrath, der schon gedachte wohlehrwürdige Herr Don Leon Fortini, nebst andern ehrenwerthen Priestern und meinem Freunden wohnete.

So viel ich bis hieher geschrieben habe, ist durchaus wahr. Ich betheure es eidlich, um mich der Schande und des Schadens eines verdorbenen Kaufmanns zu befreyen; wie auch aus Liebe der Wahrheit, und aus Hasse der Verleumdung. Und weil ich bereit bin, alles vor jedem Richterstuhle auszusagen, so hab ich gegenwärtige Erklärung ganz verfaßt, mit eigner Hand geschrieben, und mit meinem Namen unterzeichnet.

Ich Joh. Anton Pascua.

XLIX Artikel.

Von dem P. Caussin.

XIV Anmerkung, 125 S.

Ich will mir nicht die Mühe nehmen eine Reihe Verbrechen von allen Gattungen herzusetzen, welche nie gestraft worden, weil sie zu ihren Absichten und Vortheilen zuträglich waren. Ich sage nur, daß man niemals einen Jesuiten hat züchtigen

tigen gesehen, dessen ärgerliche Lehren von den römischen Päpsten verdammet worden sind. Hingegen sehe ich den P. Caussin ins Elend vertrieben, weil er die Beichten Ludwigs des
XIII seinen Obern nicht hat offenbaren wollen.

Antwort.

I §.

Widersprüche der Notenmacher in der Begebenheit des Pater
Caussin.

I. Hätte den guten Notenmachern die Liebe zur Wahrheit, und
nicht die hartnäckige Schmähsucht die Feder geleitet: so wollte ich wetten, sie würden weder diese Verweisung jemals berühret, noch von dem
P. Caussin ein Wörtlein gemeldet haben. Ueberlegen sie doch nicht,
daß sie den Jesuiten durch die Aufwärmung dieser alten Mähren nicht
so fast Gelegenheit machen, für ihre Generale Schutzreden aufzusetzen,
als die Waffen in die Hände geben, die Verwägenheit ihrer Widersacher zu entkräften? Die Entfernung Caussins vom französischen Hofe
geschah erst im Jahre 1637 (a): und eben damals saß jener Mutius
Vitelleschi an dem Steuerruder der Gesellschaft, welcher in der II Anmerkung ganz von heiligem Eifer brennet, seinen Orden zu verbessern;
und mit einem Heil. Franciscus Borgia über Gräuel und Verkehrung seiner Söhne beständig weinet. Wie wendet sich nun das Blatt
auf einmal, daß jener für die Verbesserung der Gesellschaft so sorgfältige General, wie ein andrer Wenzeslaus, erst in seinen alten Tagen
mit Elend und Verweisung wider einen standhaften Priester wüthet,
um die Heimlichkeiten der sacramentalischen Beichte aus ihm zu erzwingen? Die Wahrheit zu sagen, meine lieben Herrn Notenverfasser, ihr
seyd in dergleichen mehr als theatralischen Verwandlungen recht wunderbarlich. So oft es euch beliebt, den ganzen Körper der Jesuiten in
Unwerth zu bringen, müssen dieselben auf die geringste Taschenspielerey
nach eurem Gutdünken bald aus Teufeln Engel, bald aus Engeln Teufel werden. Sehet, dieß geschicht hier. Eben jenen Vitelleschi, der
euch ehedem als ein Heiliger diente, weil ihr ihn zum Ordensverbesserer
gemacht

(a) P. Caussin ward verwiesen im Christm. 1637, nach Quinpercotent in Niederburgund. P. Vitelleschi ward Gen. 15 Wint. 1615, und starb 9 Horn.
1645, 82 Jahre alt.

gemacht habt; den verkleidet ihr jetzt als einen Tyrannen, weil euch ein
politischer und gewissenloser Oberer nöthig ist. Caussin, der hier unter
der Geißel des Jesuitengenerals die Rolle eines Martyrers spielet, muß
bald hernach in eurem Anhange als ein abscheulicher Betrüger erscheinen, so bald er zu Vertheidigung seiner Mutter die Feder ergreift (b).

II §.

Die Verweisung des P. Caussin war ein Werk des Cardinals
von Richelieu.

II. Sey es aber mit den Widersprüchen, wovon eure Sachen alle
wimmeln, wie es wolle = so ist Caussins Verbannung kein Streich des
Generals Vitelleschi gewesen, und hat es auch nimmermehr seyn können. Der allerchristlichste König müßte wohl sehr schwach gewesen seyn,
wofern er sich seinen Beichtvater hätte entreißen lassen, ohne zu wissen,
warum: und noch wunderlicher würde solches gewesen seyn, wenn er
die Ursache gewußt hätte. Jene Verweisung war also vollkommen ein
Werk des berühmten Cardinals von Richelieu, ersten Ministers am
selbigen Hofe. Weil dieser Cardinal die ganze Regierung, wie man
sagte, allein in Händen hatte: war die Mutter des Königs Maria von
Medicis auf seine Anstiftung aus Frankreich verwiesen. P. Caussin,
der Beichtvater König Ludwigs, erinnerte diesen des begangenen Feh-
lers, und sagte ihm von dem Minister, was ihm Pflicht und Gewissen
eingaben. Die Klagen, welche er wider ihn führte, bestanden in vier
Puncten: Man darf sie aber nicht von mir hören, sondern von dem
Abte Siri, königlichem Rathe und Geschichtschreiber, der sein Zeitge-
noß gewesen, und in dem Leben des Cardinals Richelieu (c) folgendes
berichtet: „Der erste Punct war, der Cardinal habe die königliche
„Mutter aus dem Lande vertrieben. Der zweyte, er habe dem Kö-
„nige nichts als den leeren Namen übrig gelassen. Der dritte, er drü-
„cke die Unterthanen allzusehr. Der vierte, er leiste den Protestanten
„mit Nachtheile der Catholischen sehr wichtige Dienste. Caussin ver-
„pflichtete sich hierauf, fährt Siri weiter fort, diese vier Puncte im
„Angesichte Seiner Majestät vor dem Cardinale selbst zu behaupten. "
Indessen sey dem Herzoge von Anguleme aufgetragen worden, in die
Stelle des Cardinals einzurücken, sobald derselbe von Hofe entfernet
seyn

(b) §. 22, N. 146, 288 Bl.
(c) II Th. 352 S. der Ausl. von 1694, Amsterdam.

ſeyn würde. Allein der Herzog habe dem Cardinal davon Wiſſenſchaft gegeben, und ſolcher Geſtalt Cauſſins Unglück verurſachet.

III. Mit dem Abte Siri ſtimmet der berühmte Johann de la Barde, jener Salluſtius ſeiner Zeiten, überein. Er war ebenfalls Rath und Geſchichtſchreiber König Ludwigs XIII, und was noch mehr iſt, verſtand er die Geſchäfte des Cabinets bis auf den Grund. Auch dieſer bezeuget, daß der Cardinal von Richelieu den P. Cauſſin von Hofe verbannet habe, und Urſache geweſen ſey, daß er nach Quinpecorent in Niederburgund verwieſen worden. Solches ſey wegen gewiſſer Vorſtellungen geſchehen, wodurch er das Gemüth des Königs ängſtig machte über das harte Verfahren, womit er ſeiner eignen Mutter begegnet war. Hic Cauſſinus, ſind ſeine Worte (d), poſtea Ludovici XIII Regis Confeſſarius, fuit: qui, quoniam ei ſcrupulum injecerat de Maria Regina Matre haud ſatis pie habita, atque aula & regni finibus abſcedere coacta; & aula ipſe Richelii opera, cui cum Maria lites interceſſere, faceſſere pridem juſſus fuerat. „ Dieſer Cauſſin ward nach der Zeit Ludwigs XIII Beichtvater. Weil er aber „ dem Könige das Gewiſſen gereget, daß er mit der Königinn Maria „ ſeiner Mutter, nicht anſtändig verfahren wäre, und ſie gezwungen „ hätte, Hof und Land zu verlaſſen: ſo iſt auch ihm durch die Griffe „ des Cardinals Richelieu, der mit der Königinn in üblem Verneh „ men war, ſchon längſt befohlen worden, den Hof zu räumen. “

IV. Was noch? Wir wollen hier zur Rechtfertigung des Generals Vitelleſchi, und zur Schande der catholiſchen Rotenſchreiber noch das Zeugniß Peters Bayle anführen. Er war ein eifriger Proteſtant, und ein Feind aller Ordensleute, ſo viel deren in der Kirche Chriſti ſind: ſie werden alſo nicht ſagen können, daß er für die Jeſuiten ganz allein eingenommen geweſen. „ Der Verfaſſer der Lobrede des P. Cauſ „ ſin, ſchreibt er (e), hat alles Recht zu behaupten, ein ſolcher Mann „ ſey zu bewundern, der ſich lieber durch ſein gewiſſenhaftes Betragen „ den Haß eines ſolchen Cardinals auf den Hals laden, als ihm durch „ Hindanſetzung ſeiner Pflicht gefällig ſeyn will. “

V. Wo iſt nun hier jener General der Jeſuiten, welcher einen ſo würdigen Mann aus einer ſo gottloſen Bewegurſache des Landes verweiſt? Was die wahre, aber rühmliche Urſache geweſen ſey, daß Cauſſin von Hofe weggeſchaffet worden; das haben wir von Schriftſtellern

G

(d) Labardæus de rebus Gallicis L. IX am Ende, Aufl. von 1631.
(e) Wörterb. II Th. 100 S. bey der Note A, Aufl. von 1740.

gehöret, welche zu selbigen Zeiten gelebt, von allen Sachen gute Wissenschaft gehabt; und wenn man will, auch Feinde der Jesuiten gewesen sind. Aber wie kömmt es doch? Haben dann die Notenmacher diese Offenbahrung der Heil. Beichte, welche Vitelleschi soll begehret haben, bloß aus ihrem Kopfe? Nein: wir wollen sie damit verschonen. Denn von allen Vorwürfen, von allen Schandworten, von allen Unartigkeiten, die sie noch immer selbst erdacht haben, ist in dieses Oben fabel nichts gekommen. Sie haben dieß Mährlein, so wie nicht ein andere, nach seiner Länge und Breite aus den Gesprächen des Theodorus und Eucharistus; einem Buche, das schon in Paris durch die Hand des Scharfrichters verbrannt worden (f). Man muß aber nachsehen, ob nicht vielleicht dieses Buch bey ihnen ein großes Ansehen gewonnen hat, und ein fünftes Evangelium geworden ist, weil die Jansenisten von Portroyal Verfasser davon sind; und ob sie nicht sagen werden, die Verdammung desselben sey nur der Uebermacht der Jesuiten zuzuschreiben.

L Artikel

Von dem P. Girard.

XV Anmerkung, 132 S.

Im Jahre 1731 ward ganz Europa voll von der Geschichte des P. Girard mit der berufenen Cidieres von Toulon, seinem Beichtkinde: so daß davon weitläufige und ärgerliche Processe gerichtlich verfertiget worden.

Antwort.

Das Histörchen vom P. Girard wird von den Notenmachern wieder aufgewecket.

I. Warum sagt man aber nicht, daß dieß einer der boshaftesten Streiche gewesen, welche die Appellanten von Frankreich noch immer wider die Ehre der Gesellschaft gespielt haben? Warum setzt man nicht hinzu, daß P. Johann Baptist Girard sich selbst vor Gericht gestellet hat,

(f) Verbrannt 1674; in Holland wieder aufgelegt 1685.

bar, und daß er davon durch einen förmlichen Urtheilspruch als unschuldig erkläret worden? Die Herrn Anmerkungschreiber haben ja doch
wissen müssen, daß die weitläuftigen und ärgerlichen Processe, welche
über einen so ausgeschrieenen Handel herumflogen, nachmals auf Befehl des Parlaments alle zerrissen worden. Es mußte ihnen auch bekannt seyn, daß Cadieres der Falschheit, der Betrügerey, der Verleumdung überzeugt, und endlich angehalten worden, dem P. Girard
allen Schaden zu vergüten, den sie ihm während des langwierigen Handels so unbilliger Weise zugefügt hatte.

II. Man sehe hier den Urtheilspruch in unserer Sprache, welcher
nebst den andern Urkunden in der Bibliothek des größten Collegii zu
Neapel aufbehalten wird. Wir haben uns beflissen, sogar die Gerichts-
formeln des Französischen auszudrücken.

Schlußurtheil des Parlaments von Provence.

„ Man wird kund machen, daß der Parlamentshof über den Aus-
„ gang und die Folgen aller Parteyen Recht ergehen lasse; und sich
„ weder an das Begehren der Catharine Cadieres vom 4 Christm. (a)
„ binde, welches dahin abgezielet, daß sie von dem heimlichen Ver-
„ ständnisse belehret würde; noch an das vom 17 Tage des letztverwi-
„ chenen Augustmonats (b), betreffend die Zusammenstellung gewisser
„ Zeugen; noch auch an die Foderungen, die der Generalprocurator
„ des Königs vermög des Befehls vom 30 Tage des jüngst verflosse-
„ nen Heumonats (c) gemacht hat. Solcher Gestalt hat er den P.
„ Johann Baptist Girard der Gesellschaft JEsu befreyet, und befreyet
„ ihn aller Anklagen und aufgebürdeten Verbrechen; und hat ihn in
„ Betreffe dieser Verbrechen losgesprochen, und spricht ihn los von
„ Hof und Processe. Er hat die erstgenannte Cadieres zu Gunst des
„ gedachten P. Girard zu den Unkosten, welche vorher bey dem Stadt-
„ halter zu Toulon gemacht worden, ohne Schaden und Antheil des
„ Paters, verurtheilet. Was die besagte Cadieres betrift, befihlt er,
„ daß sie den Händen und der Vorsorge ihrer Mutter übergeben wer-
„ de. Und in Gleichförmigkeit dessen hat er, andere hieher einschlagen-
„ de Vorfälle beyder Parteyen belangend, den Carmeliten Niklaus
„ von St. Joseph, wie auch die Gebrüder Stephan, Thomas und
„ Franz Cadieres von Hof und Processe losgesprochen, und spricht sie
G 2
„ los,

(a) 1730.   (b) 1731.   (c) 1731.

„ los, ungeachtet der von dem Generalprocurator des Königs hiewider
„ gemachten Einwendungen. Weßwegen werden ihnen, so wie auch
„ dem P. Johann Baptist Girard, die Gefängnisse eröfnet, und ihr
„ Proceß von dem Notar des Halsgerichtes versiegelt werden; ohne
„ Rücksicht auf die Gegenfoderungen des besagten Generalprocurators
„ vom 11 Herbstmon. (d). Er verordnet auch, daß dieser von dem
„ Commissar, der es zu hinterbringen hat, davon berichtet werde,
„ in so weit es ihn irgend angehen mag. Er verordnet weiter, daß
„ alle Berichte und Gedenkschriften der besagten Cadieres, die darauf
„ gemachten Beantwortungen des P. Girard, die Betrachtungen über
„ die persönlichen Antworten, samt des P. Girard seinen, der kurze
„ Begriff der Zeugen, welche der Promotor in der Kanzley der Con-
„ ion angezogen hat, samt dem Anlangen, daß sie in die königlichen
„ Gefängnisse des Palastes gebracht würden, und einem andern vom
„ 9 Aug. (e) zur Entledigung der Cadieres, wie auch jems, worinn
„ diese verlanget hat, daß ein Befehl wiederrufen, und in die Kanz-
„ ley zurückgenommen werden möchte, um davon einen Auszug ihrer
„ Beschwerden, und der persönlichen Antworten Girards auszuferti-
„ gen (lauter Schriften, die schon im Drucke sind): daß alle diese
„ Stücke in der Kanzley zurückbleiben sollen, damit sie von dem er-
„ sten Gerichtsdiener, den der Hof begehret hat, zerrissen werden.
„ Von allen diesen wird er einen Wortproceß abfassen, welchen man
„ hernach in die besagte Kanzley legen wird. Am 10 Tage des Wein-
„ monats 1731. "

III. Großer GOtt! Nach einer so feyerlichen und so öffentlichen
Erklärung der Unschuld des P. Girard, welche von einem höchstverh-
rensuwürdigen Parlamente Frankreichs abgegeben worden, verkündigt
man eben das, worinn er seine Unschuld erwiesen hat, als ein Schel-
menstück von ihm! Wenn man nur wenigstens gewartet hätte, bis das
Angedenken dieses Urtheils, welches noch nicht über dreyßig Jahre heraus ist, ein wenig mehr veraltet wäre. Oder hätte man doch nicht
vergessen, daß es in Frankreich eine landkündige Sache sey, wie sich die
berufene Cadieres, welche der Neugier so viel zu thun gegeben, bald
nach Entscheidung des Handels mit eben jenem Geistlichen aus dem
Staube gemacht, der sie angebetet hatte, den unschuldigen Girard zu
verklagen. Allein der gute Name der Jesuiten muß zerhehelt seyn.

Es

(d) 1731.   (e) 1731.

Es mag mit Wahrheit oder Lügen geschehen: an leichtgläubigen Leuten wird es niemals fehlen, die ihren Beyfall dazu geben.

LI Artikel.

Verleumdung von den acht Millionen.

Urtheil über die Anmerkungen. XX Anmerk. III Th.

An wie viel Gerichte ist nicht der Handel des Ambrosius Guys innerhalb 38 Jahren gebracht worden? Und doch haben sie (die Jesuiten) seinen armen Erben nicht einen Heller von den acht Millionen zurückgestellet, die ihnen bey seinem Tode in den Händen geblieben sind, u. s. f.

Und bey der IX Anmerkung, auf der 58 S. wird das Buch gerühmet Processe wider die Jesuiten: welches den berühmten Händeln zu Folge gedrucket worden. Den ersten und vornehmsten Theil dieses Buches füllet das Mährchen vom Ambrosius Guys an: und alles wird hier und anderswo mit Dreistigkeit behauptet nach so viel augenscheinlichen Beweisen, wodurch die Erdichtung entblößet steht; und unmittelbar nach dem Urtheilsspruche des allerchristlichsten Königs, und andern unlaugbaren Urkunden.

Antwort.

Die Verleumdung von den acht Millionen wird durch das Endurtheil des allerchristlichsten Königs vernichtet. Schaden, den dergleichen Fabeln allzeit stiften.

I. Der Geschicht vom P. Girard ist ein anders Histörchen von den acht Millionen, welche die Jesuiten von Frankreich den Erben des Guys sollen abgejagt haben, nicht gar unänlich: eine Neuigkeit, die von den Gönnern der strengen Sittenlehre wieder aus ihrem Staube gezogen, und mit einer unnachahmlichen Schamlosigkeit so gar auf Zeitungsblättern herumgetragen worden. Wir wollen dann auch hier das Endurtheil des allerchristlichsten Königs in unserer Sprache aufzeigen, welches den Verleumdern desto empfindlicher das Maul stopfet, je mehr es die Verleumdeten entladet und rechtfertiget.

G 3 Schluß.

Schlußurtheil des königlichen Staatsraths vom 30 Märzen 1759.

" Der König ist berichtet worden, daß eine gedruckte Schrift un=
" ter den Leuten herumgeht, mit dem Titel: Schlußurtheil des kö=
" niglichen Staatsrathes, welches alle Jesuiten des Königreichs
" ins ganze verfället, den Erben des Ambrosius Guys die Gü=
" ter seiner Verlassenschaft in Natur zurück zu stellen, oder ebendaselben nach Art einer Zurückstellung die Summe von acht
" Millionen Livres zu bezahlen: gegeben am 11 Hom. 1736.
" Wiewohl man beym bloßen Lesen dieses vorgegebenen Urtheils aus
" seiner Einrichtung und den darinn enthaltenen Aussagen leichtlich se=
" hen kann, daß es erdichtet sey, wie es auch wirklich ist: so haben
" doch Johann Humbelot, Kriegsbaumeister und beglaubigter Commis=
" sar S. M. bey der Abtheilung der Stadt Langres, und Herr Robi=
" neau von la Fosse, welche sich für die Uebernehmer der von Ambro=
" sius Guys seinen Erben hinterlassenen Rechte ausgaben, am 3 Tage
" des jetztlaufenden Monats den Jesuiten des Profeßhauses zu Paris
" andeuten lassen, als wenn das besagte Schlußurtheil durch einen Se=
" cretär S. M. mit der Unterschrift wäre zusammen gehalten worden.
" Seine Majestät haben also dafür gehalten, man müsse die Andeu=
" tung eines ganz untergeschobenen Urtheils nicht bestehen lassen; und es
" gehöre Höchstderoselben Gerechtigkeit zu, jene scharf zu bestrafen, die
" man wird überzeugen können, daß sie an der Verfassung dieses vor=
" gegebenen Urtheiles Antheil gehabt, oder daß sie es gedruckt, verkauf=
" fet, geschätzt, oder sonst unter die Leute gebracht haben. Diesem al=
" len vorzubeugen, haben S. M. in dem Rathe erkläret, und erklären
" hiemit die Andeutung des erdichteten Schlußurtheiles, die am 3 des
" gegenwärtigen Märzmonats geschehen ist, wie auch alle andere An=
" deutungen, die bis daher geschehen sind, oder von nun an geschehen
" mögen, als eitel und nichtig. Es wird ferners den oben genannten
" Humbelot und Robineau von la Fosse verbothen, sich der am 3 die=
" ses Monats geschehenen Andeutung des vorgegebenen Schlußurthei=
" les von 1736 weiter zu bedienen, oder hierüber auf einige Weise zu
" rechten, unter der Vernichtung und einer Strafe von 3000 Livres.
" Unter eben den Strafen wird allen Trabanten und Gerichtsbedien=
" ten verbothen, von diesem untergeschobenen Urtheile eine Andeutung zu
" thun. Dem Generalprocurator wird eingebunden, die Vollziehung
" dieses Befehls zu handhaben. Es wird verordnet, daß auf die An=
" foderung eben dieses Generalprocurators, und auf den Bericht des

Auf=

„ Aufsehers der neugeworbnen Kriegsleute, der Proceß aufgesetzet, ver-
„ faßt, vollendet, und nach der äußersten Rechtsforme gesprochen wer-
„ de wider jene, die an der Verfertigung des oft gemeldten Urtheils
„ Theil gehabt; wider ihre Mithelfer, Anhänger, Gönner und Theil-
„ nehmer; wider die Drucker, Uebersetzer, Verkäufer, Schätzer und
„ Austheiler des besagten Urtheils: und gegenwärtiger Befehl wird ge-
„ druckt, gelesen, kundgemacht und allenthalben an den gewöhnlichen
„ Oertern angeschlagen werden. Geschehen von dem Staatsrathe des
„ Königs zu Versailles in persönlicher Gegenwart S. M. den 30
„ Märzen 1759. Unterschrieben. Paris, bey dem königlichen Buch-
„ drucker. „

II. Und doch sind heutiges Tages eben diese Fabeln in Gang und
Schwang. Man drucket sie, man giebt sie aus, man liest sie mit großem Geprale nach niedlichen Mahlzeiten, unter aufgeräumten Gesell-
schaften, in einem so gebietherischen und entscheidenden Tone, daß auch
Leute von Vernunft, Gottesfurcht, und geistlichen Charaktere, ja, was
noch mehr ist, die besten Freunde der Gesellschaft dadurch geärgert werden. Denn ob sie diese schon nicht glauben, so saugen sie doch bey An-
hörung derselben, ohne sich zu ergeben, ein so starkes Gift ein, daß wo
es einmal ins Herz gedrungen, die vorige Liebe dadurch nach und nach
erkaltet. Sie sollten aber denken, daß man im bürgerlichen und gesell-
schaftlichen Leben desto weniger spricht, je klüger man ist. Wer wohl
lebet, den höret man niemals übel reden.

Erinnerung.

„ Bey dem Beschlusse dieses Buches kömmt mir ein Sendschrei-
„ ben an einen römischen Prälaten über die Händel des Guys in die
„ Hände. Die Beschuldigung ist dermals überall lächerlich geworden:
„ doch auch nach handgreiflichen Ueberführungen ist ein Buch von den
„ Proceßen wider die Jesuiten ans Taglicht getreten: und der vom Guys
„ hat einen großen Theil davon inne. Ich hoffe der Welt einen Gefal-
„ len zu thun, wenn ich ihm dieses Schreiben vorlege: damit sie sehe,
„ wie behutsam die Beschuldigungen wider die Jesuiten anzunehmen
„ seyn, auch wenn sie wirklich einige Wahrscheinlichkeit an sich haben.
„ Und weil uns dasselbe einen Begriff von den Erfindern solcher Klagen
„ beybringt, werde ich hernach Gelegenheit haben, anderswo auch den
„ zweyten Brief einzurücken.

Histo-

Historische Nachrichten,

Welche in einem Briefe von 1759 an eine Person des königlichen
Hofes enthalten sind, und für eine Schutzrede dienen wider unterschiedliche Ansinnungen und Verleumdungen, die zu verschiednen Zeiten ausgesprenget, und itzund großentheils erneuert worden, wider die Priester der Gesellschaft JEsu.

ERSTES SENDSCHREIBEN

Von der Begebenheit des Ambrosius Guys, und von seinen vorgegebnen Schätzen, die ihm die Jesuiten von Brest sollen weggenommen haben.

EURE EXCELLENZ.

„ Nachdem ich verstanden habe, mit was für Glück
„ wisse Leute in Rom das Buch der Anmerkungen u. s. s. auf
„ haben: so nimmt es mich nicht mehr Wunder, daß Ambr
„ so oft aus ihrem Munde gehöret wird. So abentheuerlich
„ trug immer ist von den Schätzen, welche ihm die Jesuiten
„ angefallen haben sollen, so thut doch die Falschheit dieser
„ dung jenen gar nichts bevor, die der Notenmacher in sein
„ denbuche zusammen gehäufet hat, da er sie von der praktischen
„ tenlehre, und aus einem andern Buche mit dem Titel zwenke Urban
„ pete, und dergleichen nachgezeichnet hat. Wer also so blöd oder un
„ verschamt ist, über solch elendes Geschwätz zu frohlocken, der kann
„ mit aller Freyheit zur Unterhaltung von der Begebenheit des Ambro
„ sius Guys vernünfteln. Denn er darf versichert seyn, daß er dadurch
„ mehr nicht schaden wird, als da er den Anmerkungen jenes verre
„ chenen Gehirnes Beyfall gegeben. Indessen berichte ich Eure Excel
„ lenz, weil Sie doch die Neugier haben zu wissen, was hieran wahr
„ sey, daß das Parlament von Bretagne am 30 Christmon. 1723 über
„ diesen Handel den Ausspruch gethan, in seinem Schlußurtheile die
„ Jesuiten als unschuldig erkläret, und in Erwägung der gräulichen
„ Beschuldigungen, die ihnen mit Unrecht angedichtet, aber nicht bewie
„ sen worden; und in Ansehung dessen, was sich aus dem Processe,
„ und den daran hangenden Urkunden ergab, ihre Gegner dahin ver
„ dammet, 15000 Livres als eine Ersetzung für die Verkaumdeten zu
　　　　　　　　　　　　　　　　　　　　　　　　　beläst

„ bezahlen. Nach etlichen Jahren ward zu Paris das Gerücht verbrei-
„ tet, die Erben des Ambrosius Guys wären von neuem erschienen,
„ den Rechtsstreit mit den Jesuiten zu erneuern; der König aber wäre
„ durch die Thränen seines Beichtvaters zur Barmherzigkeit bewogen
„ worden, und hätte die Foderungen der armen Beleidigten verhindert.
„ Nunmehr sind die Urheber oder Beförderer dieses Gedichtes von
„ neuem auf die Schaubühne getreten, und haben ein Schlußurtheil
„ des Hofes erdichtet, worinn die Jesuiten angehalten wären, die
„ Schätze des Ambrosius Guys wieder zu geben: allein es ist durch Zu-
„ thun der Jesuiten, sagen sie, unterdrückt worden. Eurer Excel-
„ lenz einen Gefallen zu erweisen, schicke ich derselben eine übersetzte
„ Nachricht, welche die Jesuiten zur Zeit, da der Streit in Bewe-
„ gung war, und nachmals wiederum zu Paris in den Druck gegeben
„ haben; als die Verleumbung dieser einem elenden Menschen, der nicht
„ einmal davon geträumet hat, weggeraubten Schätze aufs neue auf-
„ gewärmet wurde. Hieraus werden Sie erkennen, mit was für ei-
„ nem schlechten Grunde man ihnen entsetzliche Verbrechen ansinnt, und
„ mit welcher unverschamten Freyheit man von Zeit zu Zeit die aller-
„ unglaublichsten Fabeln wieder auf die Bahn bringt. Diejenigen,
„ welche in Rom aus der Rittergeschicht vom Ambrosius Guys so viel
„ Wesens machen, sollen bey dem ersten Anblicke dieser Nachricht über
„ ihre Leichtglaubigkeit erröthen. Haben sie aber nicht Lust, andere
„ Begriffe zu fassen und sich zu schämen: so werden wenigstens ver-
„ nünftige Leute Gelegenheit haben, auf ihre Unkosten zu lachen.
„ Womit ich u. s. f.

NACHRICHT

Der Geistlichen aus der Gesellschaft JEsu, Vorsteher des
königlichen Pflanzhauses der Schiffahrt, und Capellane desselben Pflanzhauses zu Brest, die Klagschrift des Generalprocurators des Parlamentes von Bretagne unterm 7 Märzen 1718 betreffend den Handel des Ambrosius Guys zu beantworten.

Gleichwie die Jesuiten gegenwärtig niemanden haben, der in dem
vor 5 oder 6 Jahren bey Gelegenheit eines gewissen Ambrosius Guys
entstandenen Rechtshandel wider sie gerichtlich anlangt, als den Herrn
Generalprocurator: so begnügen sie sich für dießmal auf die Klagschrift
desselben zu antworten. Sie würden solches eher gethan haben, wenn
nicht dieser Handel, den sie weder haben vorsehen müssen noch können,

D   sei-

seiner Natur nach einige Zeit erheischet hätte, zu einer gehörigen
Vertheidigung die nothwendigen Untersuchungen zu machen. Um damit sie die Sache mit mehr Deutlichkeit ausführen mögen, halten sie
dafür, sie müssen vor allem den Leser von dem Hergange des Handels gründlich belehren. Diesem nach zeigen sie

I. Wer dieser Ambrosius Guys gewesen sey, dessen Erbschaft heut
zu Tage von denselben begehret wird; und was Anlaß gegeben habe, zu
glauben, daß er sich 30 oder 40 Jahre jenseits des Meeres aufgehalten
habe.

II. Worauf seine vorgegebene Zurückkunft nach Frankreich und einer, zwo, drey oder vier Millionen an allerhand Werthschaften, auf
welche nach unterschiedlichen Erzählungen seine Verlassenschaft gestiegen
seyn soll, gegründet sey.

III. Was zum Vorwande gedienet habe, daß man vorgeben er
sey zu Brest angelanget, und in eben derselben Stadt gestorben, oder
der in Guimarts Hause, wie die Widersacher vor der Klagschrift des
Generalprocurators allzeit gesagt haben; oder in dem Hause der Jesuiten, wo ihn die besagte Klagschrift sterben läßt.

IV. Was für rechtliche Unternehmungen vor der Klagschrift von
7 Märzen 1718 in dieser Sache vorgegangen seyn.

Diese einfältige und genaue Abtheilung in vier Hauptpuncte wird
alle die in der Klagschaft beygeführten Begebenheiten ins Klare bringen,
und die Richter in Stand setzen, die Gründlichkeit und Stärke der
Antworten, welche die Jesuiten darüber geben werden, einzusehen.

I §.
Wer Ambrosius Guys gewesen sey.

Ambrosius Guys, ein Sohn Peters Guys und der Drischart
scoffier, ward gebohren zu Apt einer bischöflichen Stadt in Provence,
und daselbst getaufet am 13 Winterm. 1613: wie man aus den Tauf-
büchern ersehen hat. Dieser Mensch war ein halber Koch, und
der Pastetenbäcker: und sein ganzes Gewerb bestand darinn, daß er
eine kleine Schenke führte. Weil er zu Apt kümmerlich auskam, zog er
ab, und ließ sich zu Marseille nieder: allwo er sich am 16 April 1640
mit Anna Reur vermählte. Aus dieser Ehe zeugte er nichts als zwo
Töchter. Die erste hieß Theresia Guys: sie ward zu Marseille gebohr-
ren, und in der Pfarre des Accoules in der nämlichen Stadt am 31
Christ-

Chriſtnon. 1541 getaufet. Dieſe hat ſich im Jahre 1661 mit Johann Baptiſt Jordan, Gerber zu Marſeille verehlicht.

Die jüngere, Namens Catharina, welche am 11 Jänner 1647 (a) zu Marſeille gebohren und getaufet worden, ſtarb am 19 Weinmon. 1712 in dem allgemeinen Spitale beym Heil. Geiſt in der nämlichen Stadt.

Aus Thereſiens Ehe mit Johann Baptiſt Jordan iſt ein Sohn, und eine Tochter gezeugt worden. Jener hieß Franz Jordan, und ward zu Marſeille am 31 Heumon. 1662 gebohren, und an eben dem Tage getaufet: Franciſca Jordan, die Tochter, am 2 Horn. 1667 in eben derſelben Stadt.

So beſtand dann die ganze Nachkommenſchaft des Ambroſius Guys in ſeinem Enkel Franz Jordan, und in ſeiner Enkelinn Franciſca Jordan. Wie aber Thereſia Guys ihre Mutter Wittwe, und Beſitzerinn ihrer Rechte, geblieben, ſo ſetzte ſie ihre Tochter Franciſca Jordan zur einzigen Erbinn ein, mit Ausſchluſſe des Sohnes in ihrem letzten Teſtamente, welches der Notar Boyer am 30 Weinmon. 1700 angenommen hat. Dieſe Franciſca Jordan folgte der Mutter in ihren Rechten nach, nachdem ſelbe den 3 Chriſtmon. 1706 verblichen. Nun fodert ſie als einzige Erbinn des Ambroſius Guys die Verlaſſenſchaft ihres Großvaters, und rechtet vermittelſt ihres Mannes Spiritus Berengier, welchen ſie zu Marſeille am 4 Brachmon. 1714 geheurathet hat, wie der von dem Notar Fabron angenommene Eheverttrag lautet.

Spiritus Berengier führet alſo dieſe Sache als Ehemann der Franciſca Jordan, die ihm hiezu beſondre Gewalt ertheilet hat, welche der Notar Boyer zu Marſeille am 2 Brachmon. 1716 unterſchrieben. Gleichwie aber Berengier, ein ärmer Handwerker iſt, der nichts verſteht, als Fiſchernetze zu machen (b): ſo fehlt es ihm an Geſchicklichkeit und an den nöthigen Gaben, ein Geſchäft von ſolcher Wichtigkeit zu führen. Er geſellte ſich demnach den Herrn Guerin, Prieſter und Priot der Pomme in Marſeille bey. Beſſer unten, wo wir Gelegenheit haben, die Eigenſchaften dieſes Geiſtlichen kennen zu lernen. Wiederum auf den Ambroſius Guys zu kommen, ſo vermählte er nach ſeiner Rückreiſe von Maltha, wo er etwas gewonnen hatte, ſeine Tochter Thereſia Guys, wie geſagt worden, zu Marſeille im J. 1661. Weil es aber

(a) In einer andern gedruckten Nachricht heißt es 1643.
(b) Dieſer heißt man in Provence, welcher aus Meerbinſen von Nismes Netze verfertiget.

aber in diefer Stadt schwerlich bestehen konnte, verließ er sie das selbige
Jahr: und von der Zeit an hat er seiner Familie keine Nachricht, noch
jemals ein Zeichen seines Lebens gegeben.   Gleichwie nun von 1661,
als dem Jahre seiner Abreise von Marseille, bis auf die vorgegebene
Ankunft nach Brest 1700 oder 1701, beyläufig 40 Jahre sind, wie
dann diese Zeitrechnung sehr unterschiedlich angesetzet wird: so hat man
für gut befunden, ihn diese vierzig Jahre jenseits des Meeres handeln,
und drey oder vier Millionen gewinnen zu lassen: so daß diese Handelschaft, und dieser unermeßliche Gewinnst keinen andern Grund hat,
als weil er im Jahre 1661 von Marseille verschwunden, und bis zur
Zeit seiner vorgegebenen Landung zu Brest kein Mensch von seiner
Person einige Nachricht erhalten hatte.

II §.

Worauf die Zurückkunft des Ambrosius Guys nach Frankreich
mit 3 oder 4 Millionen an Werthschaften gegründet sey.

Die Zurückkunft des Ambrosius Guys nach Frankreich stützet sich
lediglich auf dem Berichte zweener Schiffleute, welchen man auf ihn
ausleget, wiewohl sie ihn nicht genannt haben; und auf der Erzählung
welche Herr Guay, Cappellan bey den Rüstungen der königlichen Gale-
ren zu Marseille, von diesem Berichte gemacht hat.

Im J. 1716 erhielt Spiritus Berengier kurz vor seiner Abreise nach Brest von dem Herrn Guay ein schriftliches Zeugniß lassen,
was die zween Schiffleute zu ihm gesagt hatten.   Weil aber dieß Zeugniß für ihre Absicht nicht klar genug war, so schrieb Herr Guerin an
15. April 1717 an einen Freund nach Marseille (welchen Brief wir
urschriftlich in Händen haben) und bath denselben, der jordanischen
Erbinn, das ist, der Francisca Jordan Ehefrau des Spiritus Berengier, zu sagen, sie sollte den Herrn Guay Cappellan des Krankenhauses ersuchen, daß er zu Papier setzen möchte, wie das Ge-
folg des Herrn von Beauchene ihm eine Erklärung gethan, die
sich von einer Million und 900000 Livres in Gold, einer beträchtlichen Summe in Silber, und acht kleinen Kästlein Juwelen.

Herr Guay, der ein ehrlicher Mann war, that dem Herrn Guay
in den Gefallen nicht, mehr zu sagen, als er wußte; und hielt sich in
den Schranken seines vorigen Zeugnisses.   Solches beweiset er uns durch
die Erklärung selbst, die er von dem Berichte der zween Schiffleute

gethan; und selbst dem Herrn von Beauvais Vorsteher der Galeeren
zu Marseille überreichet hat. Die Jesuiten haben diese Erklärung des
Herrn Guay, von ihm selbst geschrieben, und untenher bestätiget vom
Herrn Beauvais am 24 Christm. 1722: wo dieser versichert, daß ihm
besagte Erklärung beyläufig vor vier Jahren von dem Herrn Guay überreicht worden sey.

Weil nun die Historie von dem Ambrosius Guys jenseits des
Meers, und die von dannen hergebrachten Millionen auf keinem andern
Grunde stehen, als auf dem Berichte der zween Schiffleute: so können wir nicht umhin, die Erklärung des gedachten Herrn Guay zu untersuchen. Weil aber Herr Guerin in seiner ersten Nachricht den Herrn
Guay ganz anders reden läßt, als dieser wirklich geredet hat: so wollen wir hier beyder Aussagen gleich nach einander hersetzen; zu erst die
Erklärung des Herrn Guay, hernach dasjenige, was Herr Guerin behauptet, daß er soll gesagt haben. Alle überflüssige Weitläufigkeit zu
vermeiden, werden wir nur den letzten Theil der Erklärung des Herrn
Guay dazu nehmen, und dort anfangen, wo von den zween Schifleu-
ten die Rede ist: und in der Nachricht des Herrn Guerin werden wir
jene Stellen, die das Zeugniß des Herrn Guay verfälschen, durch andere Buchstaben bezeichnen.

Erklärung des Herrn Guay.

Einige Zeit darnach ist mir gesagt worden, es wären zween Schiffleute in diesem Haven zu Marseille, welche dem Ansehen nach zu einem
Schiffe von St. Malo gehörten, und von denjenigen wären, die sich
auf dem Schiffe befänden, worauf der besagte Ambrosius nach Frankreich gekommen wäre. Ich wollte sie sehen: und sie wurden hier in dieses Spital der Seerüstungen zu mir geworfen. Sie sagten mir, daß
sie sich auf eben dem Schiffe befänden, worauf Herr Ambrosius (so
hießen sie ihn) angelanget wäre; daß dieses Schiff von dem Herrn von
Auteville, und von dem Herrn von Beauchamps angeführet würde;
daß der besagte Ambrosius ein sehr ehrwürdiger Mann wäre mit einem langen weißen Barte, und daß er sehr reich seyn müßte: denn nebst
andern Geräthschaften hätte er eine große Kiste von schwarzem Holze
bey sich; die acht Männer kaum ertragen könnten, und die er selbst hätte geholfen in den Port zu Rochelle bringen. Außer dieser großen Kiste hätte er eine Menge kleiner Schachteln, in welchen, wie sie verstanden hätten, kostbare Waaren lägen. Derjenige, welcher dieses sagte,

nannte sich Peter Cor von Pontet. Dieses ist beyläufig der Bericht,
woron ich auf Begehren des Spiritus Petragier Zeugniß gegeben, wenig Tage vor seiner Abreise nach Brest.

Entdeckung des Herrn Guerin.

Herr Guerin hat nachmals von dem Herrn Guay Capitän des
Krankenhauses zu Marseille vernommen, daß die Schiffleute von dem
Gefolge des Herrn Beauchene, der von dem Südmeere kam, an
ihm eine Erklärung gethan hätten, wodurch sie bejagten, daß kein
Herr Guys mit ihnen gekommen wäre. Er hätte zu Brest seine
Werthschaften gelandet, die in einer Kiste bestanden, wo eine Million
und 900 tausend Livres in Gold, eine überaus beträchtliche Sum-
me in Silber, und acht kleine Schachtein Edelsteine gewesen.
Der besagte Guys wäre zu Brest geblieben, und daselbst gestorben, und die Jesuiten hätten sich seiner Habschaften bemächtiget.

Es wäre unnützlich alle Verfälschungen des Herrn Guerin ins besondre anzumerken, die hier in der Nachricht desselben mit andern Buchstaben unterschieden sind. Sie fallen von sich selbst unter die Augen.
Aber drey sind darunter von einer Vermessenheit ohne Beyspiel. Die
zween Schiffleute haben mit dem Herrn Guay nur von einem Ambrosius geredet: so hießen sie ihn, saget er: Herr Guerin läßt sie Ambrosius Guys sagen. Nach dem Berichte der Schiffleute war eine
Kiste von schwarzem Holze vorhanden, die acht Männer kaum tragen
konnten. Von dem, was darinn enthalten war, meldeten sie nichts,
sondern sagten, sie hätten selbe zwar geholfen ausschiffen, aber nicht offen gesehen. Herr Guerin hingegen läßt sie erzählen, daß eine Million und 900 tausend Livres in Gold, und eine sehr beträchtliche
Summe in Silber, darinn gelegen sey. Endlich bezeugen die
zween Schiffleute, sie hätten diese Kiste in den Haven von Rochelle gebracht. Nach Guerins Nachricht aber sollen sie gesagt haben, Ambrosius Guys sey mit der besagten Kiste, und mit allen Reichthümern, womit er sie angefüllet hat, zu Brest ans Land gestiegen. Auf dieses
läßt er sie noch eine Hauptbegebenheit hinzusetzen, Ambrosius Guys
wäre zu Brest geblieben, und daselbst gestorben, und die Jesuiten hätten sich seiner Sachen bemächtiget: da doch jene kein Wort
davon ausgesagt, und nur von der Landung eines Ambrosius zu Rochelle, Meldung gethan haben.

Herr

Herr Guerin hatte dieses Zeugniß schon zur Zeit, da er im Jahre 1716 mit dem Spiritus Berengier nach Brest abgereiset: wie dann Herr Guay versichert, daß er es diesem vor seiner Abreise gegeben habe. Bey allen dem meldet Herr Guerin zu Brest in seiner Nachricht kein Wort davon. Er saget nur, daß ers von dem Herrn Guay vernommen habe; ein mündliches, und eben darum verdächtiges Zeugniß. Er hätte sagen sollen, daß er eine Schrift von dem Herrn Guay in Händen habe. Allein er hatte das Herz nicht, solches zu thun, damit er nicht genöthiget würde, eine Zeugschrift aufzuweisen, die er selbst für unzulänglich hielt: nachdem ihm auch sein Bemühen fehlgeschlagen, wodurch er im J. 1717 eine für seine Absichten bequeme Aenderung verlanget hatte.

Diese Aufführung des Herrn Guerin weiset zur Gnüge, wie unentläcklich ihm selbst der Bericht zweener Schiffleute geschienen, dem Handel des Ambrosius Guys einen Vorschub zu geben. Wenn aber auch dieses Zeugniß entscheidender wäre, als es ist: so würden wir doch mit Muthmassungen und Proben darthun, daß man auf den Bericht der Schiffleute keine Rechnung zu machen habe, sondern vielmehr glauben könne, sie seyn mit Fleiße abgesandt worden, solch ein Gerücht auszustreuen.

I. Wissen sie den Namen der zween Befehlshaber nicht, wovon sie reden. Sie nennen die Herren von Auteville, und Beauchamps, da es doch Herr von Terville, und Herr von Beauchene gewesen. Doch dieser Irrthum, den wir als eine schlechte Vermuthung ansehen, ist vielleicht von keiner Erheblichkeit: was aber nachkömmt, das machet den Fehler beträchtlicher.

II. Reden sie nur von einem Schiffe: da es doch aus dem Zeugnisse des Herrn Beauchene, welches wir anführen werden, und aus den Registern der Schiffahrten zu Rochelle erhellet, daß zwey Schiffe gewesen sind, der Philippeaux, und der Diamant.

III. Sagen sie, jenes Schiff hätten die Herren von Auteville und von Beauchamps angeführt, das ist beyde Befehlshaber wären auf einem und demselben Schiffe gewesen. Nun ist es aber durch das Zeugniß des Herrn von Beauchene außer Zweifel, daß er auf dem Philippeaux, Herr von Terville aber auf dem Diamanten gewesen ist.

IV. Scheint es, sie geben dem Herrn von Terville, den sie zu erst nennen, die Obergewalt: und doch hatte Herr Beauchene als Oberhaupt beyde Schiffe unter sich, und Herr von Terville, der auf dem Diaman-

ten

ten war, stand unter seinen Befehlen. Dieß alles beweiset das Zeugniß des Herrn von Beauchine, welches er am 25. Apr. 1712 zu St. Malo abgegeben hat. Ich frage, ob den Schiffleuten, welche sich in Sachen, die sie hätten wissen können und sollen, betrogen haben, das übrige zu glauben sey, oder nicht.

V. Herr Guay saget zum Beschlusse seiner Erklärung, daß jener von den zween Schiffleuten, der mit ihm geredet habe, Peter Lu hieß. Man hat die Verzeichnisse dieser zwey Schiffe nachschlagen lassen, worauf die oben genannte Hauptleute am 6 Aug. des 1708 Jahres in den Haven eingelaufen sind: und dieser Namen ist nirgend gefunden worden.

Wir haben folglich alles Recht zu schliessen, daß diese zween Schiffknechte zwo elende Creaturen waren, die man dazu angestellet hat, dasjenige auszusagen, was Herr Guay von ihnen gehöret hat. Gesetzt auch, daß ihre Aussage die Wahrzeichen der Falschheit nicht hätte, die wir angemerkt haben: so würde sie doch in diesem Handel nicht das geringste Gewicht machen. Denn aus der Ankunft eines Unbekannten nach Rochelle mit einer großen und sehr schweren Kiste von schwarzem Holze, fließt keine Folge auf die Ankunft des Ambrosius Guay nach Brest mit einer Million und 900000 Livres in Geld, und einer beträchtlichen Summe in Silber. Und doch ist dieß die einzige Probe, worauf die vorgegebene Zurückkunft des Ambrosius Guay mit drey oder vier Millionen an Wertschaften gegründet ist.

III §.

Was zum Vorwande gedienet habe, daß man vorgiebt, Ambrosius Guay sey zu Brest angelanget.

Im Jahre 1697 ist ein kranker Fremdling, Paschquet genannt, zu Brest bey Franz Guimart der damals auf der Gasse von Recouvrance längst dem zwischen Brest und dieser Vorstadt durchgehenden Canal wohnte, ans Land gestiegen (c). Dieser Fremdling starb daselbst

am

(c) Dieses heißt im Französischen viel kürzer: Sur le quay de Recouvrance. Quay ist ein gepflasterter Weg an einem Fluß oder Canal, woran auf der einen Seite das Wasser schlägt; auf der andern aber Gebäude stehen. Recouvrance ist gleichsam eine Vorstadt von Brest, die ein Canal von der Stadt absondert: und zwischen dem Canale und den Häusern ist eine Straße, um
die

am 7 Wintermon. des nemlichen Jahres, und ward begraben in der Kirche St. Salvator: wie der Auszug von den Todtenregistern auf denselben Tag lautet, welcher am 29 Apr. 1718 abgegeben worden. In den Todtenbüchern wird er schlechterdings Pasciquot genannt, weil man seinen Taufnamen nicht wußte. Der Auszug saget, daß dieser Pasciquot, dessen Namen man nicht weiß, zu Recouvrance in einem Alter von 37 Jahren verschieden sey, nach dem Berichte Franz Guimarts, in dessen Hause er gestorben. Folglich versichern die Verzeichnisse der Todten, daß Pasciquot zu Recouvrance in Guimarts Hause gestorben sey. Diese Umstände werden aus denen Ursachen, die wir hernach hören werden, sehr wichtig.

Gleichwie es leicht ist, daß man nach dem Verlaufe gewisser Jahre die Zeitrechnungen verfehlet; und gleichwie zu Brest von dieser Begebenheit bald nichts mehr übrig geblieben, als das bloße Angedenken, daß ein gewisser Fremdling in Guimarts Hause gestorben sey: so war es nicht schwer, sich vorzuspiegeln, daß der Fremdling, dessen Erbschaft die von Provence im J. 1716 zu holen gekommen, eben der wäre, der in Guimarts Hause gestorben war; ohne daß ihn nur ein einziger zu nennen gewußt. Dieses war desto leichter, weil Herr Guerin im Anfange nicht eben von dem Ambrosius Guys, sondern nur von einem zu Brest verstorbenen Fremden gemeldet hat. Dieß ist eine Begebenheit, worüber die Aussagen der in den zwo Untersuchungen zu Brest abgehörten Zeugen gänzlich übereinstimmen. Aus eben denselben Aussagen erhellet, daß man zu Brest nie anders geredet, als von einem Fremdlinge, der in Guimarts Hause gestorben sey; ohne daß jemand seinen Namen, oder das Land wußte, wo er her war. Herr Guerin hatte keine andere Mühe, als diesen Fremdling Ambrosius Guys zu taufen. Es ist wahr: dieser Namen steht in keinem Todtenregister von Brest: vielmehr befindet sich der Namen Pasciquot in den Todtenbüchern der Gemeinde von Recouvrance in V Bogen, 82 S. Allein daß er sich berechtigte, einen Ambrosius Guys daraus zu machen, brauchte er nichts, als daß ein Fremdling bey Guimart gestorben ist. Dieser Todfall hat denen, welche an seiner Verlassenschaft Theil haben wollten, so bequemlich geschienen, dem Roman vom Ambrosius Guys ein Färblein zu geben, daß sie alles ausstudiret haben,

J

Die Kaufmannswaaren bequemmer auszuschiffen: wie mans in den Handelschorten sehen kann. Es ist nothwendig, daß man diese Lage der Oerter vor Augen habe, das folgende wohl zu verstehen.

zwischen denn Fremdlinge und Ambrosius Guyp so viel ....
den, als immer möglich war.   Daß er zu Recouvrance in ....
Hause gestorben ist, das gab Gelegenheit in der Klagschrift ....
der Jesuit P. Chauvel, als er den Ambrosius Guyp in ....
Hause abgeholet, hätte sich auf einem kleinen Boote an das ....
Recouvrance begeben.   Diese Ueberfahrt geschah der ....
Folge im J. 1701.   Allein Guimart, welcher im J. 1699 ....
sciquot bey ihm starb, noch zu Recouvrance gewohnet ...., ...
im J. 1701, da Ambrosius Guyp der Klagschrift nach zu ....
gelanget ist, nicht mehr dort; sondern auf der Seite von ....
ist auch nicht eher wieder nach Recouvrance gezogen, als im J. 1703
um St. Michaels Tag: und eben dieses Jahr wohnte e ....
Hause, das weit von dem Canale wegsteht.   Erst im Jahr 1704
um St. Michaels Tag kam er in die Nähe des Canals, ...
se des Monterfier gegenüber.   Dieß sind lauter Sachen, ...
mann weiß, und die sowohl durch die Aussagen der zu ....
geschehenen zwo Untersuchungen, als durch die Aussage ....
Steuerbüchern der Stadt Brest bewiesen sind.

Dieser Punct, dessen Wichtigkeit man unten besser sehen ....
ist allein zureichend zu zeigen, daß die vorgegebene Ankunft ....
sius Guyp nach Brest zum Guimart auf keinem andern ....
het, als auf dem Kunstgriffe, wodurch man alles, was sich ....
Person des Fremdlings Pasciquot ereignet hat, unter dem ....
Ambrosius Guyp erzählet.   Und da sie alle Umstände ....
und mit einander vergleichen wollten, sind sie auf Lügen ....
alle Gleichförmigkeit, wornach sie getrachtet haben, vernichten, ...
ganzen Betrug aufdecken.   Die einzige Aenlichkeit, die sich ....
wahren und falschen Ambrosius Guyp befindet, ist diese, ...
in Elend und Armuth gestorben sind; wie wir unten sehen ....

IV §.

Was für rechtliche Unternehmungen vor der Klagschrift vom
7 Märzen 1718 in dieser Sache vorgegangen seyn.

Herr Guerin langte im J. 1716 in Gesellschaft des Spiritus Bo
rengier zu Brest an, ohne einen andern Vorwand zu haben, als das
Zeugniß des Herrn Guyp, welches er verborgen hielt, und die Ge
walt von Francisca Jordan, der Gemahlinn des Berengier, und Se
binn

hinn des Ambrosius Guys. Kaum war er daselbst, so war die ersten
Tage seine Beschäftigung, in den Schenkhäusern, wo er insgemein
seine Sitzungen hielt, auszustreuen, daß der Fremdling, dessen Erbschaft er foderte, eben derjenige wäre, der in Guimarts Hause gestorben sey: wie man aus den schon angezogenen Untersuchungen weiß.
Sobald er diesen Wahn genug befestiget zu haben glaubte, ließ er den
Richtern von Brest im Namen des Spiritus Berengier eine Bittschrift
überreichen, worinn er vorgab, daß der Fremdling, dessen Verlassenschaft er zurückfoderte, und der bey Guimart gestorben wäre, aus
Provence mit Namen Ambrosius Guys gewesen sey. Diese Bittschrift
ist am 11 Aug. 1716 eingegeben worden: und wir wollen sie hier nach
ihrem ganzen Begriffe beyfügen.

Bittschrift oder Klage an die Herrn Richter von Brest.

„ Spiritus Berengier aus der Stadt Marseille, Ehemann und
„ Gewalthaber der Francisca Jordan, Enkelinn des Ambrosius Guys
„ langet in Unterthänigkeit an, und saget, daß beyläufig vor fünfzehn
„ Jahren der gedachte Ambrosius Guys, Großvater der besagten Jor-
„ dan, die ihn allein zu erben das Recht hat, auf seiner Rückreise von
„ den portugesischen Inseln krank in dieser Stadt Brest angelanget ist,
„ und sich zu dem Zimmervermiether Guimart begeben hat, der da-
„ mals längst dem Canale von Brest in dem Hause des verstorbenen
„ Magisters Goswin Vingtdeniers wohnte. Er hat auch ansehnliche
„ Werthschaften und Güter mit sich dahin gebracht, welche er durch
„ seine in den portugesischen Inseln lange Jahre geführte Handelschaft
„ gewonnen hatte, in der Hoffnung nach seiner Genesung mit densel-
„ ben nach Marseille in Provence, woraus er gebürtig war, zurück
„ zukehren. Der Bittende hat nach vielem Nachfragen und Untersu-
„ chen, und nachdem er mit der Post von Marseille in diese Stadt
„ Brest gekommen ist, Wissenschaft erhalten, daß besagter Ambro-
„ sius Guys bey Guimart gestorben sey, entweder eines natürlichen
„ Todes, oder vielleicht eines gewaltsamen, damit man seiner Güter,
„ die ihm zugehörten, habhaft werden möchte. Ja es ist wahrschein-
„ licher, daß er umgebracht worden, als eines natürlichen Todes ge-
„ storben sey: denn er hatte weder geistliche, noch zeitliche Hülfmittel.
„ Er war der Beichte und der letzten Sacramente beraubet. Weder
„ ein Arzneyverständiger noch ein Wundarzt besuchten oder heilten ihn.
„ Man weiß nicht, wo er begraben worden, und was mit seinem Lei-

„ be

„ be geschehen sey, noch wohin seine beträchtlichen Mittel in Schulden
„ Werthschaften, Gold, Silber und Edelsteinen gekommen seyn, die
„ da beyläufig in einem Werthe von zwo Millionen weggenommen,
„ hinterhalten, fortgeführt und geraubet worden. Guimare und sein
„ Weib, la Vigne sein Onkel und desselben Frau waren mit vielen
„ andern Personen eins, besagte Habschaften zu hinterhalten, und
„ den Körper des gemeldten verstorbenen Ambrosius Guys, wovon
„ man in keinem Todtenregister der hiesigen Kirchen einige Spur fin-
„ det, zu unterdrücken und zu verbergen. Ein Verbrechen von sol-
„ cher Beschaffenheit muß nicht ungestraft bleiben. Es ist nur einmal
„ Zeit, die Proben, wodurch man es rechtfertiget, ins Licht zu sehen,
„ damit man zur Bestrafung der Schuldigen schreiten möge. Wollen
„ bitt Sie also, meine Herren, die Klage des Bittenden anzunehmen,
„ und erlauben Sie ihm, von Amts wegen von allen darinn enthal-
„ tenen Begebenheiten, Umständen, Verbindungen Bericht einzuholen,
„ wie auch Ermahnungschreiben zu erhalten, und ergehen zu lassen, daß
„ Sie in den Kirchen St. Ludwigs und der 7 Heiligen in dieser Stadt
„ Brest verkündiget werden mögen. Imgleichen möchten Sie verord-
„ nen, daß die Zeugen, die davon Wissenschaft haben können, auf
„ die Foderungen, die ihnen geschehen werden, vor Ihnen, meine Her-
„ ren, erscheinen, mit Bedrohung der Gefängnisse, und Vorbehaltung
„ anderer Vorkehrungen, welche man hernach zu treffen für gut befin-
„ den wird, damit jedermann Gerechtigkeit widerfahre. Unterschrieben,
Spiritus Berengier u. Lauden.

Zu Folge dieser Bittschrift wurden zwo Untersuchungen gehalten,
in welchen unterschiedliche Zeugen abgehöret worden. Die erste ist vom
14 Aug. die zweyte vom 19 desselbigen Monats 1716. Weil aber die
Aussagen der Zeugen nur lediglich von einem Fremden, der in Guimarts
Herberge gestorben, Meldung thaten, und weder von dem Ambrosius
Guys ein Wort redeten, noch die Jesuiten auf einige Weise beschwe-
ten (d); und die abenteurlichen Foderungen der von Probante in der

Stadt

_____

(d) Man bemerke, daß der Jesuiten in der Bittschrift des Berengier nicht einmal gedacht wird: so daß sie bey den ersten zween Auftritten nichts als Zuschauer
dieses Spieles gewesen sind. Als sie hierauf verstunden, daß die Klagschrift des Generalprocurators ihnen zu Leibe gieng: befanden sie sich in dem Zustande, worin
sich ein Mann von Ehre und Gewissen befinden würde, welcher sich,
ohne Ursache gegeben zu haben, und wider all sein Vermuthen des Diebstah-
les und der Straßenrauberey bezüchtiget sehen müßte. Es sagte sie in dem
Bey-

Stadt zum Gelächter wurden: so hielt Herr Guerin, wie er selbst gesagt hat, für gut, die Stücke umzukehren. Er gab den Streit zu Brest auf, der sich am 19 Aug. 1716 nach der zweyten Untersuchung geendiget hatte; und verfügte sich nach Paris, um daselbst eine Stütze zu suchen.

Soviel rechtliches ist in dieser Sache vorgenommen worden bis auf den 7 Märzen 1718, da der Herr Generalprocurator seine Klagschrift verfertiget hat.

Man weiß übrigens, daß der Generalprocurator um das End des 1717 Jahres auf Befehl des Kanzlers von Frankreich heimliche Nachfragen gehalten. Erstlich ließ er den Herrn von Champmelin, Rottmeister und Vorsteher der Schiffahrt von Brest, befragen, ob es wahr wäre, daß der Jesuit P. Bellovan wenig Tage vor seinem Ableiben zu ihm gesagt habe, sein größtes Anliegen wäre, daß die Jesuiten dem Ambrosius Guys seine Güter nicht zurückgestellet hätten. Zweytens ließ er sich bey dem Herrn von Reuterie, Brigadier der königlichen Armee, und Befehlshaber der Stadt und des Schlosses zu Brest, erkundigen, ob es wahr wäre, daß er von Seiten der Jesuiten dem Herrn Guerin betreffend die Habschaften des Ambrosius Guys einen Vergleich vorgeschlagen hätte. Der eine wie der andere hat geantwortet, es wäre nichts fälschers dann dieses: und beyde erklärten sich mit solchen Ausdrücken, welche den Abscheu vor einem solchen Betruge zween ehrvollen und tugendhaften Kriegsleuten natürlicher Weise eingeben mußte. Ihre Zeugschriften werden in dem Processe vorkommen. Weil wir aber zu Beantwortung der Klagschrift genöthiget sind, die Schriften der Gegenpartey anzuführen, so wollen wir dieselben hier vorläufig anzeigen.

Die erste ist eine kleine Nachricht, welche Herr Guerin, und Herr Nerac Commissar der Schiffahrt zu Marseille, mit einander verfasset haben. Wir werden diese unter dem Namen der kleinen Nachricht des Herrn von Nerac anführen.

Die zweyte Schrift ist eine andere sehr lange Nachricht des Herrn Guerin, die er nach seiner Reise nach Brest, und nach dem daselbst im J. 1716 abgehandelten Processe, doch vor der Klagschrift des General-

J 3   ral

Beytrage der Nachrichten, die wir hier übersetzen: und aus eben diesen Nachrichten werden wir augenscheinlich sehen, daß sie die Wahrheit gesagt haben. Sie mußten also Zeit begehren, die zu Aufklärung der Begebenheiten nothwendigen Berichte zu sammeln: und hierauf wandten sie sich an den König, damit er Befehl gäbe, den Streit fort zu…

ralprocurators verfertiget hat. Wir heißen sie die erste Nachricht des Herrn Guerin.

Die dritte ist eine andre Nachricht von eben demselben, die er nach der Klagschrift gemacht hat, um auf eine gedruckte Schrift von vier Blättern zu antworten, welche von Personen die mehr Eifer für die Ehre der Jesuiten, als Auskunft von dem Handel hatten, zu Gunst derselben aufgesetzet worden. Diese werden wir, wo wir sie irgend anführen sollen, die zweyte Nachricht des Herrn Guerin nennen.

Wer auf die drey ersten vorläufigen Artikel dieser historischen Nachrichten Acht haben will, der wird alle die Widersprüche, worein die Gegner der Jesuiten unter sich selbst gefallen sind, zergliedert finden. Und dieß ist es eben, was wir uns vorsetzen, da wir die Klagschrift des Generalprocurators beantworten.

KLAGSCHRIFT

Des Generalprocurators des Parlaments von Bretagne, verfasset zu Tournelle den 7 Märzen 1718.

„ Der Generalprocurator des Königs ist in den Hof getreten , „ und hat vorgestellet, wie daß durch unverdächtige Wege ein ernstli- „ cher, wichtiger, der äußersten Aufmerksamkeit, und der fleißigsten „ Untersuchung würdiger Handel zu seiner Wissenschaft gekommen sey. „ Ein gewisser Ambrosius Guys, von Marseille gebürtig, nachdem „ er 30 oder 40 Jahre hindurch jenseits des Meeres gehandelt hatte, „ faßte den Entschluß, nach Frankreich wiederzukehren: allwo er auch „ wirklich im Augustmonate des 1701 Jahres angelanget, und zu Brest „ ganz krank und alt ans Land gestiegen ist. Die Herberge, welche „ er zu Brest wählte, war bey einem gewissen Guimart. Allein die Je- „ suiten dieses Ortes, nachdem sie aus den Briefen, welche ihnen die- „ ser Kaufmann von ihren Mitbrüdern aus den Inseln gebracht hatte, „ verstanden, daß er beträchtliche Güter, die sich auf zwo oder drey „ Millionen beliefen, mit sich geführt hätte, besuchten ihn, und ließen „ mit Beystimmung des Zimmerherrn den Kranken in eine abgelegene „ Kammer legen. Sie setzten ihm in den Kopf, er müßte sich verbor- „ gen halten: weil er fremd wäre, sagten sie, und der Pachter der kö- „ niglichen Gefälle (e) sich aller seiner Habschaften bemeistern könnte.

„ Un-

(e) Im Französischen steht Fermier du Domaine. Domaine bedeutet alle die Güter und Gerechtigkeiten, welche die Einkünfte des Königs ausmachen.

„ Unterdeſſen wollte Ambroſius Guys ſein Teſtament machen. Er bath
„ die Jeſuiten, ihm einen Notar mit vier oder fünf Vornehmſten der
„ Stadt zu Zeugen kommen zu laſſen. Doch dieſe Geiſtlichen, denen
„ man die Verſchlagenheit nicht abſpricht, damit die Sache nicht ruch‐
„ bar würde, ließen nur ihren Gärtner in einen Notar, und vier oder
„ fünf Jeſuiten in Bürger verkleiden: da unterdeſſen ein anderer, P.
„ Chauvel genannt, bey dem Kranken blieb und die Verrichtungen eines
„ Beichtvaters that. Solcher Geſtalt hat Ambroſius Guys, da er
„ ein Teſtament zu machen glaubte, keines gemacht: und die Jeſuiten
„ fuhren in ihrem Vorhaben immer weiter, welches war, den Zuſtand
„ und die Beſchaffenheit dieſes Mannes zu verbergen. Noch weiter gien‐
„ gen ihre Vorſichten. Denn weil man beſorgt war, dieſer Kaufmann
„ möchte ſeine Reichthümer und ſeinen letzten Willen den Prieſtern der
„ Pfarrkirche offenbaren, wofern ihn dieſe beſuchen ſollten: ſo hat ih‐
„ nen weder Guimart, noch die Jeſuiten ein Wort davon berichtet.
„ Nicht einmal einen Arzt haben ſie beruffen: ſo daß Ambroſius Guys
„ ohne geiſtlichen und zeitlichen Troſt ſchmachtete, und ſowohl der Arz‐
„ neyen als Sacramente beraubet war. Dieß war der Zuſtand eines
„ Menſchen, welchen bloß ſein Reichthum armſelig gemacht: da die
„ Jeſuiten ihre ſchon ausgezeichnete Abſicht, welche dahin abzielte, ſei‐
„ ne Güter an ſich zu ziehen, auszuführen gedachten. Zu dem Ende
„ war es nöthig, ſich ſeiner Perſon zu bemächtigen, und in ihre Be‐
„ hauſung zu bringen: und ſolches erfolgte durch Zuthun des P. Chau‐
„ vel, welcher ſich auf einem kleinen Boote an das Geſtad des Ca‐
„ nals von Recouvrance begab, und mit Beyhülfe ſeiner Mitbrüder,
„ Guimarts und ſeines Hauſes alle Güter des Ambroſius Guys, ſo
„ wie ihn ſelbſt wegführte. Dieſer alſo verwahrloſte Kranke ward ſei‐
„ nen Schmerzen preis gegeben, und lebte nicht mehr lang unter ih‐
„ ren Händen. Er ſtarb in der That, aber auf eine ſo jähe Weiſe,
„ daß man die Wahrzeichen der Leidenſchaft, der Gewaltthätigkeit, und
„ der Wuth, wovon ein ſo grauſames Verfahren den Urſprung hat‐
„ te, nothwendig beobachten muß. Herr Rognant, damaliger Re‐
„ ctor der Pfarrkirche von St. Ludwig ward die Zeitung dieſes To‐
„ des inne, wie die ganze Stadt Breſt. Von Entſetzung außer ſich,
„ und voll des gerechten Widerwillens, den ſolch eine außerordentliche
„ Grauſamkeit verdiente, bath er die Jeſuiten, ſie möchten ihm den
„ Leichnam ausfolgen laſſen. Allein das Bitten vermochte nichts: man
„ war genöthiget, deſwegen einzulangen: worauf dieſe Geiſtlichen end‐

„ lich

„ lichen Körper unter der Pforte ausseßten, wo ihn der Pfarrer mit
„ der übrigen Geistlichkeit abholte, um ihn von dannen in das Spi-
„ tal tragen, und dort begraben zu lassen. Diese Sache hat die Ge-
„ wünsch verursachet: und die Jesuiten von Brest haben von der Zeit
„ an so viel ausgelegt, und gewonnen ; und man hat so viel Juwelen
„ und Edelsteine in ihren Händen gesehen, daß die Sage davon bis
„ nach Hofe gekommen ist. Man weiß, daß die Richter dieser Stadt,
„ welche einen Proceß angefangen hatten, um zur Bestrafung die-
„ ser Verbrechen zu schreiten, da sie wegen eben derselben Gelegenheit
„ versammelt waren, nachlässig gewesen sind, und ihre Pflichten auf
„ keine Weise erfüllet haben. Alle diese schweren und unstreitlichen
„ Vorfälle liegen dem öffentlichen Staatsrathe ob: dergleichen Unord-
„ nungen müssen gänzlich ins Klare gebracht werden. Aus diesen Ur-
„ sachen hat der Generalprocurator des Königs ang halten, was dem
„ Hofe belieben wolle, über die schriftlich eingegebenen Schriften Ver-
„ sehung zu thun. (f)

Beantwortung der Klagschrift.

Klagschrift.

„ Der Generalprocurator des Königs ist in den Hof getreten,
„ und hat vorgestellet, wie daß durch unverdächtige Wege ein erheb-
„ licher, wichtiger, der äußersten Aufmerksamkeit, und der fleißigsten
„ Untersuchung würdiger Handel zu seiner Wissenschaft gekommen sey. „

Die unverdächtigen Wege, wodurch der Generalprocurator sein
Bericht erhalten haben, können schwerlich anders woher seyn, als von
dem Ankläger: welcher allem Ansehen nach niemand seyn kann, als Herr
Guerin, oder Spiritus Berengier. Anderer seits hat man guten Grund
zu glauben, daß eben die anständige Bewegursache, welche den Herrn
Guerin bewogen hat, bey Ueberreichung der Bittschrift von 1716 an
die Richter von Brest den Namen des Berengier anzunehmen, ihn
auch hier, wo er dem Generalprocurator die Anzeige that, dahin ver-
leitet habe, sich eben desselben Namens zu bedienen. Ist aber diese Anzeige unter dem Namen des Spiritus Berengier geschehen, wie man
bey-

(f) Hieher gehöret sonst der Parlamentsschluß, welcher den allerältesten des Na-
thes nach Brest abgeordnet hat um um daselbst mit dem Generalprocurator und einem seiner Nachgesetzten den Proceß abzufassen. Ich habe ihn ausgelassen, als eine Sache,
woran dem Leser wenig gelegen ist.

beyriahe nicht daran zweifeln kann, so ist es handgreiflich, daß ein
Mensch, wie er, ohne Fähigkeit, ohne Erfahrung in den Geschäften,
mit Gaben und Kenntnissen, welche auch für sein Handwerk ziemlich
klein und eingeschränkt waren, nichts anders thun konnte, als seinen
Namen daran wenden: das Blatt aber war die Arbeit des Herrn Guerin. Wir lassen nun urtheilen, ob das Zeugniß eines Menschen von so
ehrlosen Sitten, als Herr Guerin ist, welchen der Generalprocurator
selbst auf einigen sehr merklichen Unwahrheiten ertappt hat, ein un-
verdächtiges Zeugniß seyn könne.

Klagschrift.

„Ein gewisser Ambrosius Guys, von Marseille gebürtig."
Ambrosius Guys war dem Herkommen und der Geburt nach von
Apt: wie wir in dem ersten vorläufigen Artikel gehöret haben. Es
ist lächerlich, daß diejenigen, welche seine Nachkömmlinge und Erben
seyn wollen, nicht einmal wissen, wo er her war, und folglich bey dem
ersten Schritte dieses Streithandels den Weg verfehlen. Doch es
thut wenig zur Hauptsache, ob er von Apt oder von Marseille gewesen sey. Nur das ist wunderlich, daß man den Ort seiner Geburt
hat festsetzen wollen: damit man mit Wahrheit sagen möge, daß man
von dem oftgedachten Ambrosius Guys, wenn mans von dem ersten
Augenblicke seines Lebens bis zu seinem vorgegebnen Pluviste nehmen
will, kein wahres Wort geredet habe.

Klagschrift.

„Nachdem er 30 oder 40 Jahre hindurch jenseits des Meeres
„gehandelt hatte."
Wenn Ambrosius Guys wirklich in einer Gegend der Welt mit
großen und wahrhaften Reichthümern erschienen wäre: so würde es
unbillig seyn, zu fragen, wo er sie erworben hätte. Weil aber die
Rede nur ist von einer großen Kiste aus schwarzem Holze, und die
darinn enthaltenen Schätze in keinem Theile Europens, so viel man
weiß, ans Tagelicht gekommen sind: so halten wir folgende Betrachtungen darüber für nöthig. Man will, Ambrosius Guys habe 30
oder 40 Jahre jenseits des Meeres gehandelt: und indessen kann
man keinen Fuß breit Erde nennen, wo er die 30 oder 40 Jahre sei-

der jenseits des Meeres getriebenen Handelschaft einen Augenblick gewesen sey. Wie reimet sich ein so ausschweifender Ausdruck mit der
Palagerichtsordnung von 1670 III Tit. 6 Art. ohne ausdrücklich
sezt, daß die Anklagen umständlich seyn müssen? Heißt das den Ort,
und die Zeit des Aufenthaltes einer Person in einem entfernten Lande bestimmen, wenn man sie nur überhaupt jenseits des Meeres hin-
sezet, und einen Unterscheid von zehen Jahren im Zweifel läßt. Wenn
sich die Feinde der Jesuiten gewürdiget hätten, einen kleinen Winkel
in der alten oder neuen Welt zu nennen, und daselbst dem Ambrosius Guys nur einen sehr kurzen Aufenthalt anzuweisen: so würden
die Verklagten doch wenigstens einen Plaz haben, wo sie sich zur
Wehre stellen könnten. Sie könnten vielleicht vermittelst der aus den
Missionen einlaufenden Nachrichten in dem Orte selbst über die Wahrheit oder Falschheit der Sache gerichtliche Untersuchungen anstellen lassen. Wo sollen sie aber nunmehr den Ambrosius Guys jenseits des
Meeres suchen? Der Generalprocurator müsse sehr blind seyn, wenn
er die Unzulänglichkeit einer Anzeige, die dem Ort und der Zeit nach
so unbestimmt ist, nicht erkannt haben sollte. Allein die so sehr
Verschiedenheiten, die er hievon in den Schriften der Gegner ange-
troffen, haben ihn genöthiget, so viel möglich war, den breitesten
Weg zu nehmen. Die kleine Nachricht des Herrn Nerac von 1715
läßt den Ambrosius Guys zu seiner Rückreise an den Küsten von Guinea unter Segel gehen. Die Bittschrift des Spiritus Berruyer von
1716 an die Richter von Brest, läßt ihn aus den portugiesischen Inseln kommen, welche, wenigstens unter diesem Namen, bis auf den
heutigen Tag unbekannt sind. Die erste Nachricht des Herrn Guerin holet ihn aus den Inseln zurück, ohne diese Inseln zu benennen,
ohne das Meer, wo sie liegen, anzuzeigen. Die zweyte Nachricht desselben läßt ihn nach Brasilien handeln. Wohin soll man sich wenden unter so vielen Meynungen? Es giebt kein anders Mittel, als
dessen sich der Generalprocurator bedienet hat, alle diese Vorgebungen
mit einander zu vergleichen: da er sie alle unter dem allgemeinen Aus-
drucke jenseits des Meeres vereiniget hat. In der That mag Ambrosius Guys hergekommen seyn, wo er will, von den guineischen
Küsten, von den unter Portugall stehenden Inseln, von den Inseln
überhaupt, oder endlich von Brasilien, so ist es allemal wahr, daß
er über Meer gekommen sey.

Da

Da man es endlich nicht für rathsam hielt, einen Ort jenseits des
Meeres zu bestimmen, wo sich Ambrosius Guys die 30 oder 40 Jahre
hindurch, da man ihn handeln läßt, nur einen Augenblick aufgehalten
hätte: so begehren die Jesuiten, daß man wenigstens beweise, daß er
wirklich über Meer gereiset sey. Hat er solches gethan, so wird diese
Seefahrt auf einem Schiffe geschehen seyn: was war dieß für ein
Schiff? Er wird von einem Haven abgesegelt seyn: was ists für ein
Haven? Er wird an eine Insel oder an ein festes Land angeländet haben: was ist es für eine Insel, oder was für ein festes Land? Sehet
hier den Punct, worüber die Widersacher der Jesuiten sich nicht haben
vergleichen können. Der Generalprocurator hat sehr wohl eingesehen,
daß er dem Ambrosius Guys keinen gewissen Ort einräumen dörfte,
und daß er ihn in keinem bestimmten Winkel der Welt könnte landen
lassen, ohne ihn mit seinen 3 oder 4 Millionen Livres in augenscheinliche Gefahr des Schiffbruches zu setzen. Darum hielt ers für das
beste, wenn er ihn immer nur überhaupt jenseits des Meeres ließe.

Schließlich hat er so lange Zeit jenseits des Meeres Handelschaft
geführet, und ist darinn so glücklich gewesen, daß er daselbst drey oder
vier Millionen zusammen gebracht hat. Ein so einträgliches Gewerb
kann nicht fortgehen, ohne daß eine Spur, ein Stück von irgend einem Briefe, wo des Ambrosius Guys gedacht wird, davon zurück
bleibe. Man verlangt also eine Abhandlung, ein Verzeichniß, einen
Brief zu sehen, worinn Ambrosius Guys als ein Kaufmann jenseits
des Meeres beschrieben sey. Was antwortet man auf alles dieses?
Sehet: Ambrosius Guys ist über Meer gekommen, und hat 30 oder
40 Jahre jenseits desselben gehandelt.

Klagschrift.

„ Er faßte den Entschluß, nach Frankreich wiederzukehren: all-
„ wo er auch wirklich im Augustmon. des 1701 Jahres angelanget, und
„ zu Brest ganz krank und alt aus Land gestiegen ist.

Hier wird endlich etwas bestimmet. Die Zurückkunft des Ambrosius Guys in Frankreich hat nun ihre gewisse Zeit, und ihren Ort.
Die Zeit ist das Jahr 1701, der Ort aber Brest: allwo ihn der Generalprocurator aus den jenseits des Meeres gelegenen Ländern unmittelbar anlangen läßt.

Die erste Anmerkung, die uns über diesen Punct beyfällt, ist,
daß der Generalprocurator, da er den Ambrosius Guys unmittelbar

zu Brest einlaufen läßt, den alten Plan der Gegner die Jesuiten, welche ihn erst zu Rochelle finden ließen, glaubwürdigs ....
cher Weise dem Berichte der zween Schiffleute von ....
Ambrosius Guys zu Rochelle mit seiner großen Kiste voll ....
zem Holze, gänzlich den Glauben benimmt, und doch war ....
richt der zween Schiffleute mit der Zeugschrift des Herrn ....
Grund und die Stütze des ganzen Handels. Dieß war ....
Urkunde, womit sich Herr Guerin, und Spiritus Berengier ....
hen hatten, als sie nach Brest giengen, die Erbschaft zu ....

    Lasset uns nun die Zurückkunft des Ambrosius Guys ....
reich untersuchen.   Der Generalprocurator läßt ihn ....
Brest ans Land steigen: Spiritus Berengier saget in ....
von 1716, er sey zu Brest angelanget, ohne zu erklären ....
Wasser oder zu Land angelanget sey. Zu Folge der ersten ....
des Herrn Guerin bezeugen die zween Schiffleute des ....
sie seyen zu Brest mit dem Ambrosius Guys, und mit ....
sie von schwarzem Holze aus dem Schiffe gegangen. ....
so fühlbare Lüge nicht bestehen konnte, und durch das ....
Herrn Guay zusammenfiel: befand er für gut, in seiner ....
richt die Sprache zu ändern. Hier hat er vorgegeben ....
Guys hätte anfänglich zu Rochelle gelandet: daselbst hätte ....
Schiff gesetzt, um nach Habre zu segeln: allein das Ungewitter ....
dieses Schiff gezwungen, zu Brest einzulaufen. Sehet ....
man die Zufälle zusammenstückt. Die Ankläger haben sich ....
Handel alle Verwechselungen und Aenderungen für erlaubt ....
ihnen nöthig dünkten. Nachdem sie es zu Bekräftigung ....
heiten unentbehrlich fanden, haben sie Zeiten und Oerter, Erde ......
Meer, Sonnenschein und Regen, Sturm und Stille nach Belieben
angeschaft: eben so wie es etwa die Römanendichter machen, welche
nur allein die Wahrscheinlichkeit suchen. Wenn es wahr ist ....
brosius Guys auf der Rückreise aus den Ländern jenseit ....
mit jenen beträchtlichen Werthschaften, die sich in der ....
zwo oder drey Millionen besteigen, zu Brest gelandet hätte ....
nothwendig, daß in den Registern der Schiffahrt ....
geschehe von seiner Person, von seinen Werthschaften, von dem Fracht-
gelde, das er für das Gold, für das Silber, und für die Edelsteine bezahlet hat, in welchen zu Folge der Bittschrift des Spiritus Berengier seine vorgegebnen Güter bestanden. Es ist nicht möglich, daß
die.

die Regiſter der Schiffahrt von Breſt in dieſem Puncte nicht über-
führend ſeyn ſollen. Und zwar um ſo viel mehr, weil die Gönner dieſer lächerlichen Fabel beyfügen, die Ausſchiffung des Ambroſius Guys
bey Guimart, und die von dem P. Chauvel geſchehene Entführung
deſſelben, hätten in der Nachbarſchaft ein ſo groſſes Geräuſch verurſachet. Dieſer arme Fremdling, ſagen ſie, da er in einer verdeckten
Sänfte von vier Männern getragen wurde, redete ſo laut, daß man
ſeine Worte deutlich von der Gaſſe in den Häuſern hören konnte: und
ſeine reiche Kiſte von ſchwarzem Holze, welche ihm von ſechs Kerlen
nachgetragen wurde, ward von einem großen Hauffen Volkes begleitet (g). Wie iſt es möglich, daß ein ſo öffentlicher und verſchrie-
ner Vorfall den wachbaren Augen der Seebeamten entwiſchet ſey? So
hängt alſo die Wahrheit oder Falſchheit dieſer Geſchicht von dem Zeug-
niſſe der Regiſter der Schiffahrt ab. Sehet hier eines von dieſen Re-
giſtern, welches der Generalprocurator leicht hätte nachſchlagen können,
wenn er hinter die Falſchheit der ihm vorgebrachten Begebenheiten hätte kommen wollen. Doch hat es das Unglück der Jeſuiten nicht geſchi-
cket, daß ers vor Verfertigung der Klagſchrift gethan hat: ſo kann er
es gleichwohl jetzund thun, und daraus die Wahrheit deſſen erkennen,
was die Jeſuiten hier durch ein rechtliches Zeugniß beſtätigen, in welchem der General-Lieutenant des Gerichtes der Schiffahrt St. Paul
von Leon zu Breſt bezeuget, er habe die Schriften und Erklärun-
gen, welche in den Jahren 1700, 1701 und 1702 in dieſem Gerichte eingetragen worden, nachgeſehen und von Wort zu Wort
geleſen. Er habe aber keine einzige Erklärung von irgend einem Patron oder Schiffhauptmanne darunter gefunden, daß ſie
jemals einen Reiſenden, oder auch ſonſt einen Menſchen mit dem
Namen Ambroſius Guys, noch einige demſelben zugehörige
Werthſchaften an ihrem Borde gehabt hätten. Man habe auch
weder von dem beſagten Ambroſius Guys, noch von ſeinen Gütern reden gehöret, bis auf dieſe letzten Jahre: ob gleich im
Falle, daß dieſer Werthſchaften halber eine Anzeige geſchehen
wäre, dieſes Gerichte das einzige wäre, dem es zuſtünde, darüber zu ſprechen: zumal da ſie über Meer ſollen hergeliefert worden ſeyn. Die Leute kann man ſagen laſſen, was man will: allein die

F 3 offent-

(g) So ſagen die Gegner: und etwas davon haben auch zween gerichtlich ab-
gehörte Zeugen beſtätiget. Allein gegenwärtige Schrift, und der ſchlechte Verfall,
welchen ſie bey den Richtern erhielten, haben ihre Schamloſigkeit an den Tag gelegt.

offentliche Verzeichniße sind beständige und unverwerfliche Zeugen, die
sich nimmermehr bestechen laßen.

Nachschrift.

„ Die Herberge, welche er zu Brest wählte, war bey einem gewissen
„ Guimart. “

Gleichwie wir bewiesen haben, daß Ambrosius Guys niemals nach
Brest gekommen, so ist es nicht möglich, daß er bey Guimart oder einem andern Vermiether eingekehret sey. Bey allen dem wird einer genannt: und dieser ist Guimart. Warum aber eben Guimart, und
nicht ein andrer? Die Ursache dessen haben wir im dritten vorhergen
Artikel schon beygebracht. Im J. 1697 war ein Fremdling,
genannt, bey Guimart gestorben; und dieses Fremdlings
Namen man nicht wußte, schien gemacht und geboren den
Guys vorzustellen. Man hat diesem zugeeignet, was jenem
war. Solches erhellet aus den Aussagen der Zeugen in den
tersuchungen, welche auf Anhalten des Spiritus Vermegen
Brest angestellet worden. Alle Zeugen reden darinn von einem Fremden, der in Guimarts Hause gestorben sey: denn dieß war in
eine bekannte und offenbare Begebenheit. Aber nicht ein einziger
dem Ambrosius Guys Meldung: ja es ist zu Brest gemein
vor der Ankunft der aus Provence hier angelangten Kläger, hein
von demselben jemahls sprechen gehört.

Nachschrift.

„ Allein die Jesuiten dieses Ortes, nachdem sie aus den Briefen,
„ welche ihnen dieser Kaufmann von ihren Mitbrüdern aus den Inseln
„ gebracht hatte, verstanden, daß er beträchtliche Güter, die sich auf
„ zwo oder drey Millionen beliefen, mit sich geführt hätte. “

Um die eingebildeten Millionen des Ambrosius Guys
Grunde von den Jesuiten zu fodern, war es sehr nöthig ein
finden, wodurch man sie in die Ritterhistorie mit einwickeln
keinem andern Endzwecke sind diese Briefe von ihren Mitbrüdern
den Inseln ausgedacht worden. Man fragt aber von neuem, was
für Inseln seyn, deren Namen zu sagen allem Ansehen nach verbothen
ist. Zum andern wo hat mans doch her gewußt, daß die Jesuiten besagte Schriften empfangen haben? Wer hat ihn solche von Seiten
des Ambrosius Guys überbracht? Guimart, oder jemand von seinen

Leute.

Hause? Giebt es einen Zeugen, oder eine Urkunde, woraus man überführet würde, daß diese Briefe wirklich an die Jesuiten geschicket worden? Nichts weniger. Man sagt es, man sagt es ohne Beweiß, man
sagt es nur, weil man geglaubt hat, man müßte es sagen, um die Jesuiten in die abentheuerlichen Gedichte des Ambrosius Guys mit einzuwinden.

Klagschrift.

„ Die Jesuiten – besuchten ihn, und ließen mit Beystimmung des
„ Zimmerherrn den Kranken in eine abgelegene Kammer legen. Sie setzten
„ ihm in den Kopf, er müßte sich verborgen halten, weil er Fremd wäre. "

Es braucht kein großes Verständniß zwischen den Jesuiten von
Brest, und dem Zimmervermiether Guimart, daß diese Geistlichen in
seiner Wohnung einen Menschen besuchet haben, der ihnen Briefe gebracht hatte; und daß sie einen Fremdling, der krank in das Hauß gekommen war, in eine abgesonderte Kammer haben legen lassen. Allein
alle diese Begebenheiten sind falsch, und ohne Probe beygebracht. Uebri-
gens sind zwar die Jesuiten nicht sonderbar geschickt zu Geschäften, doch
sind sie nicht so gar tölpisch im Reden, wie uns die Klagschrift hier
einbilden will. Sie wollen den Ambrosius Guys überreden, daß er sich
verborgen hielte. Unter welchem Vorwande thun sie solches? Weil er
fremd wäre. Hierauf hätte dieser nur antworten dörfen, er wäre ein
Franzos, und aus Provence: so würde er ihnen das Maul verstopfet,
und mit einem einzigen Worte alle ihre Anschläge zu Wasser gemacht haben.

Klagschrift.

„ Unterdessen wollte Ambrosius Guys sein Testament machen. Er
„ bath die Jesuiten, ihm einen Notar – kommen zu lassen. Doch
„ diese Geistlichen, denen es an Verschlagenheit nicht gebrach – ließen
„ nur ihren Gärtner in einen Notar, und vier oder fünf Jesuiten in
„ Bürger verkleiden: da unterdessen ein andrer, P. Chauvel genannt,
„ bey dem Kranken blieb, und die Verrichtungen eines Beichtvaters
„ that. Solcher Gestalt hat Ambrosius Guys u. s. f.

Da Ambrosius Guys in Guimarts Behausung war, wie die Klagschrift vorgibt, so sieht man nicht, warum er den Jesuiten, und nicht
vielmehr seinem Wirthe aufgetragen hat, einen Notar und die Zeugen
herbeyzuschaffen. Zudem kann man nicht ergründen, was sich der Generalprocurator für einen Begriff von dem gemacht habe, was er in den
Jesuiten Verschlagenheit nennet: da er sie doch in eben dem Stücke, wo

er sie als verschmigte und geschickte Köpfe vorstellet, ohne Nachdruck vielfältig reden und handeln läßt. Die Person, welche in diesem Zustande
erscheint, ist wahrhaftig nicht von der Art, daß man sie der Verschlagenheit beschuldigen kann: und vielleicht findet man in dem ganzen Lehr-
gebäude vom Ambrosius Guys nirgends weniger Wahrscheinlichkeit als
hier. Was hat wohl der Gärtner als Notar dabey zu thun, welcher die
vier oder fünf dummen Jesuiten an dem Zaum daher führet, und
denselben als stummen Personen das Theater anzufüllen? Hat nicht
dieser Gärtner mehr Geschicklichkeit zu den Geschäften, und mehr
in rechtlichen Abhandlungen, mehr Fähigkeit den Einwurf
auf seine beyfällige Schwierigkeiten zu antworten, ihm
mündlich und schriftlich auszudrücken, als irgend einer von den
fünf Jesuiten, die man hier als Bildsäulen oder stumme
Köpfe auftreten, und nichts anders thun läßt, als
hat doch der Generalprocurator übersehen können, daß die Erzäh-
rung einer solchen Vorfallenheit in den Jesuiten eine Schwäche
de setzte, welche sich mit jener Verschlagenheit, die man ihnen
geben nach niemand abspricht, sehr schlecht zusammenreimt?
ist dann endlich mit diesem neugeschlagnen Notar geschehen? hat
sich in seine Person geschickt? War ers, der dieß Geheimniß
hat, oder die Jesuiten, als Zeugen? Es wäre kein Wunder,
hirnlose Leute, als sie hier vorgestellt werden, die Dummheit
hätten, es auszuschwächen. Und woher weiß man endlich alle die
sten und sonderbarsten Nebendinge? Gewiß ist es, daß man in allem zu
Brest hierüber gehaltenen Untersuchungen nicht das mindeste antrifft,
was mit dieser ausschweifenden Vorstellung einige Verwandtschaft
te. Die Klagschrift erwähnet des P. Chaubel, und giebt ihn
len zum Beichtvater. Weil dieser Jesuit am Montage,
März n 1714, das ist, drey Jahre, ehe man in Bretagne
trosius Guys reden gehört, schon zu Flesche gestorben war, so
kein Bedenken tragen, ihn im J. 1718 auf die Schaubühne
Dieß ist in der That der einzige Jesuit, den man beym Namen

Klagschrift.

„ Noch weiter giengen ihre Vorsichten. Denn weil man besorgt
„ war, dieser Kaufmann möchte seine Reichthümer und seinen letzten Wil-
„ len den Priestern der Pfarrkirche offenbaren, wofern ihn diese besuchen
„ sollten: so hat ihnen weder Guimart, noch die Jesuiten davon Bericht
„ gegeben. „

Sehet,

Sehet, wir sind der Entführung des Ambrosius Guys, welche noch bey seinem Leben mit allen Habschaften geschehen seyn soll, vorgekommen. Die erste Anmerkung, die sich hier äußert, ist diese, daß vor der Klagschrift des Generalprocurators, das ist, vor dem 7 März 1718 in dem Grundrisse der Gegenpartey ein richtiger Punct gewesen ist, Ambrosius Guys sey in Guimarts Hause gestorben. Man hatte den Entschluß gefaßt, ihn daselbst sterben zu lassen: weil der Fremdling Pasciquot, dessen Schicksal man dem Ambrosius Guys beylegen wollte, wirklich in gedachter Herberge gestorben war. Spiritus Berengier behauptet in der Bittschrift an die Richter zu Brest vom 11 Aug. 1716, daß besagter Ambrosius Guys bey Guimart gestorben sey; und setzet hinzu, man wüßte nicht, wo er begraben worden, und was mit seinem Leibe geschehen sey. Auch Herr Guerin saget nach dieser Bittschrift in seiner ersten Nachricht, er sey bey Guimart gestorben. Allein weil er bedacht hatte, man könnte die Jesuiten nicht mit in den Handel bringen, so lange man den Ambrosius Guys in dem Miethhause liegen ließe: so füget er hinzu, er hätte ihn um Mitternacht tod in das Haus der Jesuiten gebracht. Dieß war schon um einen Schritt weiter. Da man aber die Sache besser überlegte, fand man es noch nicht hinreichend. Denn nach diesem Plane hätte es allzeit den Guimart getroffen, über den Leichnam und über die Habschaften eines Menschen, der in seiner Behausung verschieden war, Rede und Antwort zu geben. Nun ist es einmal unstreitig, daß man den Proceß nicht dem Guimart, sondern den Jesuiten an den Hals werfen wollte. Hiezu brauchte es also nichts anders, als daß man ihn lebendig in ihr Haus lieferte: und dieses ist es, was endlich der Generalprocurator in seiner Klagschrift ins Werk gestellet hat. Solcher Gestalt sieht sich Ambrosius Guys, der im J. 1715 noch beständig in Guimarts Herberge mußte gestorben seyn, in einem Augenblicke lebendig zu den Jesuiten übersetzt, und dieses ohne andern Grund, als weil es nöthig war, ihn daselbst sterben zu lassen, damit sie über seinen Tod und über seine Güter gezwungen würden Antwort zu geben.

Aber zum Unglücke ist diese Uebersetzung mit einem Umstande begleitet, der ihre Falschheit bloß giebt. Es heißt, P. Chauvel habe sich an das Gestad von Recouvrance begeben, um den Ambrosius Guys aus Guimarts Wohnung wegzunehmen. Nun ist es eine richtige und berüchte Sache, wie wir in dem dritten vorläufigen Artikel erwiesen haben, daß Guimart im J. 1701 nicht mehr an selbigem Ufer

L Ste

gewohnet hat.   Was den P. Chauvel betrift, können wir nicht umhin, hier zu wiederholen, daß es in der That was seltsames ist, daß
der einzige Jesuit, welcher in diesem Vorgange namentlich angeführet
wird, schon drey Jahre, ehe vom Ambrosius Guys die Rede gieng,
gestorben war.

Klagschrift.

„ Dieser also verwahrloste Kranke ward seinen Schmerzen Preis
„ gegeben, und lebte nicht mehr lang unter ihren Händen.   Er starb
„ in der That, aber auf eine so jähe Weise, daß man die Wahrzei-
„ chen der Leidenschaft, der Gewaltthätigkeit und der Wuth, wovon
„ ein so grausames Verfahren den Ursprung hatte, nothwendig be-
„ obachten muß. ‟

Ambrosius Guys ist der Klagschrift zu Folge im J. 1701 zu Brest
angelanget.   Er war also damals schon 88 Jahre alt: sintemal er
1613 gebohren war.   Und, wie die nämliche Klagschrift behauptet,
langte er krank, und zwar unmittelbar aus den jenseits des Meeres gelegenen Ländern daselbst an.   Was war es nöthig, daß man ihm Gewalt anthat, damit er stürbe?   Konnte ein Mann von seinem Alter,
der von den Beschwerlichkeiten einer so langen Schiffahrt entkräftet war,
nicht eines natürlichen Todes sterben?   Es ist kein Zweifel, daß ers nicht
konnte.   Allein wiewohl man den Ort seines Todes veränderte, so schien
es gleichwohl nicht rathsam, auch die Umstände zu verändern, welche
Spiritus Berengier 1716 in seiner Bittschrift angezeiget hat.   Nachdem ihn dieser in Guimarts Wohnung hat sterben lassen, setzet er hinzu, es sey wahrscheinlicher, daß er umgebracht worden, als daß er eines natürlichen Todes gestorben sey.   So ist er also nach der Bittschrift in Guimarts Hause gestorben und umgebracht worden.   Jetzund
aber will man, er sey bey den Jesuiten gestorben.   Wir lassen es gelten: und damit der Widerspruch, welcher sich zwischen der Bittschrift
von 1716, und der Klagschrift von 1718 befindet, nur den Ort seines Todes betreffe, so muß er durch Gewalt sterben, es mag ihm lieb
oder leid seyn.   Noch mehr.   Die Bittschrift läßt uns im Zweifel, ob
er wahrhaftig umgebracht worden sey, oder nicht: die Klagschrift redet freyer, und machet dasjenige im J. 1718 gewiß, was im Jahre
1716 ungewiß war.

Die Jesuiten geben auf einen Augenblick zu, daß Ambrosius Guys
in ihrem Hause zu Brest gestorben sey.   Allein sie fragen zugleich, was

aus

aus man abgenommen habe, daß kein Tod jähe gewesen sey; und
aus welchem Merkmaale man die Wahrzeichen der Leidenschaft,
der Gewaltthätigkeit und der Wuth, die man nothwendig beobachten mußte, gesehen habe. Hat man den Leib nach seinem Tode besichtigen lassen? Hat man die Sache durch Arzneykundige oder Wundärzte ordentlich untersuchet? Hat wenigstens ein mündlicher Bericht über
den Zustand des Körpers Anlaß gegeben, eine Gewaltthätigkeit zu muth-
maßen? Nichts dergleichen: und die Jesuiten bedienen sich nur der Klagschrift, solches zu beweisen. Dieser zu Folge, wie wir im folgenden Artikel sehen werden, kömmt der Rector oder Pfarrer von Brest, den
Leichnam von der Thürschwelle der Jesuiten wegzunehmen. Wie er ihm
in die Hände gegeben wird, so läßt ihn der Pfarrer, ohne vorläufigen
Augenschein in das Spital tragen, und ohne weitere Untersuchung daselbst begraben. Worauf gründet sich also der Generalprocurator, da
er sagt, Ambrosius Guys sey umgebracht worden? Wollte GOtt, es
wären nicht andere Wahrzeichen der Leidenschaft, der Gewaltthätigkeit und der Wuth in diesem Handel anzutreffen, als die man bey
dem eingebildeten Tode des Ambrosius Guys zu Brest entdecken will:
so würden die Jesuiten dieser Sache halber in guter Ruhe geblieben
seyn.

Klagschrift.

„ Herr Rognant, damaliger Rector der Pfarrkirche von St. Lud-
„ wig ward die Zeitung dieses Todes inne, wie die ganze Stadt Brest.
„ Von Entsetzung außer sich, und voll des gerechten Widerwillens, den
„ solch eine außerordentliche Grausamkeit verdiente, bath er die Jesui-
„ ten, sie möchten ihm den Leichnam ausfolgen lassen. "

Herr Rognant war zur selbigen Zeit nicht Rector der besagten
Pfarrkirche: als welche nicht eher eröfnet worden, als nach einem Rath-
schlusse vom 15 Weinm. 1701, und einer Verordnung des Herrn Bischofs von Lyon vom 27 des nämlichen Monats. Nach der Klagschrift
aber ist Ambrosius Guys im Augustm. 1701 zu Brest angelanget, und
wenig Tage darauf gestorben. Doch dieses thut zum Hauptwesen der
Frage wenig. Worauf was ankömmt, ist, daß man wisse, ob der
Pfarrer von Brest wirklich von dem Tode des Ambrosius Guys, so wie
die ganze Stadt, Wissenschaft gehabt habe. Ist dieser Todsfall zu
Brest eine so offenbare Begebenheit gewesen: wie kömmt es, daß Spiritus Beringier in seiner Bittschrift von 1716, wo er den Ambrosius

Guys

Guys bey Guimart sterben läßt, bekennet, er wisse nicht, wo er begraben worden, und was mit seinem Leibe geschehen sey? Woher kömmt es, daß Herr Guerin in seiner ersten Nachricht ausdrücklich
saget, der Pfarrer habe von diesem Todfalle nichts gewußt? Warum
will er eben dadurch den Verdacht bestärken, daß ihn die Jesuiten in
ihrem Garten begraben hätten? Es ist wahrscheinlich, saget er, daß
ihn die Jesuiten in ihrem Garten eingegraben haben: denn der
Rector der Pfarrkirche, worinn er gestorben, hat nichts davon
zu wissen bekommen.   Sehet! der Generalprocurator, und Herr
Guerin widersprechen einander in einer merkwürdigen und offenbarn
Vorfallenheit. Denn jener saget, der Pfarrer zu Brest habe diesen
Todfall nur durchs Gericht vernommen, so wie die ganze Stadt.
Es ist wahrhaftig was sonderbares, daß eine Begebenheit von solcher
Art, wovon Herr Guerin nach allen zu Brest 1716 gehaltenen Unter-
suchungen, und nach so vielen hierauf geschehenen Nachfragen, nichts
hat entdecken können, im J. 1718 auf einmal an das Tagelicht kommt.

Die Klagschrift geht noch weiter. Denn sie stellet uns diesen Rector der Pfarrkirche nicht nur von dem gewaltthätigen und jähen Tode
des Ambrosius Guys ganz wohl berichtet, sondern auch von Entsetzung
außer sich, und voll des gerechten Widerwillens vor, den solch eine
außerordentliche Grausamkeit verdiente. Und doch nachdem den Rector
ein solcher Eingriff, und eine so grausame Mordthat sehr erzürnet hat,
kömmt er ganz gelassen daher, den Körper abzuholen. Er läßt ihn ins
Spital tragen, und daselbst begraben, ohne zu verlangen, daß er vorher besichtiget werde. Das Volk, welches der Klagschrift zu Folge von
den nämlichen Gesinnungen voll ist, läßt die Begräbniß in bestem Frieden vor sich gehen. Die Richter von Brest, denen eine in der Stadt
bekannte Sache nicht verborgen seyn konnte, sitzen still dabey, ohne bey
einem Todschlage, woran niemand zweifelte, ein Zeichen des Lebens zu
geben, oder zu Besichtigung des Leichnams einige Anstalt zu machen.
Warum hat der Generalprocurator wegen einer so sorglosen Unempfind-
lichkeit nicht lieber mit den Richtern von Brest angebunden? Er, welcher sie der Nachlässigkeit beschuldiget in einem Rechtshandel, wo nichts
wider die ordentlichen Gerichtsforme vorgegangen ist?

Aber noch mehr. Der Rector, und die ganze Stadt entzweyen
sich offenbar mit den Jesuiten: und dieses ereignet sich im August oder
Herbstmonate 1701. Eben zu dieser Zeit sind die Jesuiten mit dem
Herrn Rognant in einem schweren Streite verwickelt wegen Vereinigung

der

der neuen Kirche von St. Ludwig mit dem königlichen Pflanzhause
der Schiffahrt, welcher sie vorstehen.

Herr Rognant und die Einwohner von Brest streiten den Jesuiten
diese Vereinigung an, und geben wider sie viele Schriften heraus, wovon ihnen eine am 27 Augustm. 1703, das ist, aufs höchste zwey Jahre
nach dem ärgerlichen Tode des Ambrosius Guys angedeutet worden.
Wer diese Schrift gelesen hat, der weiß, daß sie der Jesuiten gar nicht
schonet, und daß sie schwerlich heftiger seyn könnte. Wir ziehen sie
nicht an, den Beamten und Einwohnern von Brest etwas vorzurücken.
Die Jesuiten haben das Glück gehabt den Gemüthern derselben die wi-
drigen Eindrücke, die ihnen eingeflößet waren, zu benehmen: sie hoffen
also, Brest werde ihnens zum besten halten, daß sie sich heut zu Tage
zu ihrer Vertheidigung einer Schrift bedienen, die unter den vergangenen Zwistigkeiten wider sie ans Licht gestellet worden. Es ist wahr:
wenn jemals ein günstiger Augenblick gewesen ist, den Jesuiten den Tod
des Ambrosius Guys, und die Ueberfallung seiner Güter vorzuwerfen:
so war es bey Gelegenheit dieser Schrift. Sie verlangten, daß die
neue Kirche von St. Ludwig mit der Pflanzschule, worüber sie die Aufsicht haben, vereiniget bliebe. Hätten die Einwohner von Brest, welche sich darwider setzten, nicht mit Rechte sagen können, es stünde sehr
übel, daß sie sich die neue Kirche zueignen wollten: nachdem sie durch
die Schätze des vor zwey Jahren in ihrem Hause ermordeten Ambrosius Guys in Stand gesetzt worden, eine schönere zu bauen? So hätte
die Stadt Brest gegen sie reden können: und nach dem Tone, worinn
diese Schrift verfasset ist, würde sie es gewiß nicht unterlassen haben,
wofern sie auch einen nur geringen Verdacht gehabt hätte. Man lese
die besagte Schrift, die im J. 1703 herausgekommen ist; man lese die
Antwort, welche die Jesuiten im J. 1704 darauf gegeben haben: man
wird weder finden, daß sie beschuldiget worden, noch daß sie sich ver-
theidiget haben über eine Begebenheit, welche vermög der Klagschrift
zwey Jahre zuvor so viel Entsetzen verursachet hatte. Das tiefe Stillschweigen dieser Schrift der Stadt Brest ist eine von denen Ueberführungen, welchen man nichts entgegen setzen kann. Allein sie ist vernei-
nend: sehet hier auch eine behauptende. Wir nehmen sie von den Zeugnissen der Herren von Reinterie, und von Champmelin, deren jener
Befehlshaber der Stadt und des Schlosses zu Brest, dieser des See-
habens war; wie auch aus dem allgemeinen Zeugnisse der Herren der
Stadt insgesammte, welches von 23 Personen, von Vogte, Schöp-

pen

der A. C. M. und von dem Herrn Hauptmann und dem Herrn Lieutenant des Havens unterschrieben worden.   Alle diese versichern- und bezeugen, man habe vor dem 1716 Jahre, das ist, vor der Ankunft derer von Bareware nach Brest, weder öffentlich noch ingeheim jemals sagen gehört, daß Ambrosius Guys, oder sonst irgend ein Fremdling in das Haus der Jesuiten aufgenommen worden, oder daselbst gestorben sey.   Wie läßt sich dieß aber mit der Klagschrift reimen, welche da sagt, Herr Rognant habe die Zeitung von dem Tode des Ambrosius Guys, wie die ganze Stadt Brest, vernommen? So ist es: der Rector der Pfarrkirche hat sie vernommen, wie die ganze Stadt: allein die ganze Stadt hat allen Versicherungen zu Folge nichts davon vernommen.

Klagschrift.

„Allein das Bitten vermochte nichts: man war genöthiget,
„ wegen einzulangen: worauf diese Geistlichen endlich das Klagen un-
„ ter der Pforte aussetzten. "

Sehet doch eine rechtliche Probe, die der Generalprocurator wider diese Ueberführung auf die Bahn bringt.   Es ist eine gerichtliche Vorfoderung, wodurch der Rector der Pfarrkirche die Jesuiten angehalten, ihm den Leib, den man ihm nicht übergeben wollte, ausfolgen zu lassen.

Ein Glük für die Jesuiten, daß öffentliche Verzeichnisse in dem Archive liegen, die uns hierinn aus dem Zweifel helfen können.   Wenn diese Vorfoderung geschehen ist, so muß sie da anzutreffen seyn.   Der Generalprocurator spricht ja; die Register aber nein.   Hätte er sich gewürdiget, dieselben vor Verfertigung der Klagschrift darinn zu befragen, so würde er daselbst einen neuen Beweis gefunden haben, die Falschheit der ihm hinterbrachten Begebenheiten einzusehen.   Wenigstens muß man ihm solches aus zween Zeugschriften des Buchhalters bey der Kanzley von Brest zeigen.   Eine dieser Schriften ist vom 15 Heum. 1718, die andere vom 30 May 1723.   Sie werden dem Processe beygefüget werden.   In diesen bezeuget er, daß er in den Registern der von den Notarien verfaßten Acten zu den Jahren 1700, 1701, 1702, 1703, 1704 und 1705 nachgesuchet, aber keine Vorfoderung wider die Jesuiten von Brest irgendwo gefunden habe.   Sehet also die Jesuiten gerechtfertiget, sowohl in Ansehung der Vorfoderung durch das Stillschweigen der Archive, als betreffend die bey dem Tode des

Ambrosius Guys entstandene Aergerniß theils durch das Stillschweigen der Schrift von Brest, theils durch die angeführten Zeugnisse. Das Stillschweigen der Todtenregister der nämlichen Stadt über die Beerdigung des Ambrosius Guys wird eine neue Rechtfertigung seyn.

Klagschrift.

„ Wo ihn der Pfarrer mit der übrigen Geistlichkeit abholte, um „ ihn von dannen ins Spital tragen, und dort begraben zu lassen. "
Denn, ist Ambrosius Guys im Spitale begraben worden, so müssen die Todtenregister dieses Spitals davon Meldung thun. Nun hat es seine Richtigkeit, daß sie kein Wort davon sagen. Es sind zu Brest zwey Spitäler. Man hat beyder Register, und außer diesen auch das Register der Pfarrkirche von Brest, durchsuchet. Wir haben Zeugschriften, die wir im Processe aufweisen werden, worinn man versichert, daß in allen drey Jahren 1700, 1701, 1702 von dem Ambrosius Guys keine Meldung geschieht. Eins von diesen Stücken, fängt gar vom 1699 Jahre an, und geht bis auf 1706.
Wie unbegreiflich ist doch die Zauberey, welcher das Schicksal dieses wunderwürdigen Mannes unterworfen ist? Sein Namen ist bey seiner Wiederkunft nach Frankreich in allen Registern von Brest so unsichtbar, als es seine Person bey einem Aufenthalte von 30 oder 40 Jahren jenseits des Meeres gewesen war. Er steigt zu Brest ans Land mit drey oder vier Millionen an Werthschaften: und die Verzeichnisse der Schifffahrt wissen kein Wort weder von ihm, noch von seinen Gütern. Der Pfarrer belanget die Jesuiten von Brest gerichtlich, um ihnen seinen Leichnam aus den Händen zu reißen: und die Archive melden nichts davon. Er wird zu Brest begraben: und alle Todtenbücher schweigen gleich still davon, als wenn sie es untereinander festgesetzt hätten, der Welt diese bekannte, und mit so viel Widerwillen, Aergerniß und Entsetzung begleitete Begräbniß zu verbergen. (h) Dieß ist fürwahr

(h.) Es ist doch ewig Schade, daß der Verfasser dieser Nachrichten nicht gewisse zu unsern Zeiten gedruckte Blätter gesehen hat, worinn ein kurzer Begriff der gottlosen und aufrührischen Irrthümer, die von den Jesuiten gelehret worden, enthalten ist. Denn bey dem dritten Irrthume hätte er vermuthen können, daß die Lesung des Lessius, des Sanchez und des Castropalao den Registern von Brest die Hartnäckigkeit von dem Verbrechen der Jesuiten zu schweigen eingegeben hätte: gleichwie Franz von Tavora, und Hieronymus von Ataide dadurch sollen verführet worden seyn.

wahr ein Zufall, der niemanden, als dem einzigen Ambrosius Guys hat begegnen können. Es ist aber auch gewiß, daß nimmermehr eine Anzeige geschehen ist, worinn die Verleumdungen und Betrügereyen mit so viel Vermessenheit und mit so wenig Vernunft zusammen gehäuftet worden, als die, welche zur besagten Klagschrift Anlaß gegeben hat.

Sie ist ein Geweb von erdichteten Begebenheiten, worinn sich wie in einer Kette, ohne Unterbruch die erste Lüge mit der zweyten, die zweyte mit der dritten befestigt. Man will behaupten, die Jesuiten hätten den Ambrosius Guys im J. 1701 aus Guimarts Hause an dem Ufer von Recouvrance weggenommen. Die Jesuiten beweisen die Falschheit dessen durch den Umstand des Ortes selbst: wie probiren sie aber das Gegentheil? Durch den Tod des Ambrosius Guys, der in ihrem Hause erfolget ist. Eben dieß ist eine Begebenheit, welche ihre Gegner den leugnen: und sie sind versichert, daß die Gegner nicht mit der geringsten Probe aufkommen werden. Ja wohl der allgemeine Wille der ganzen Stadt über diesen Todfall soll ihnen zur Probe dienen. Allein eben dieser wird von den Jesuiten vernichtet durch das Stillschweigen der Schrift, welche die Stadt Brest im J. 1703 wider sie herausgegeben, und durch das Zeugniß der ganzen Stadt: wo es gemeinkündig und unwidersprechlich ist, daß man von dem Ambrosius Guys niemals reden gehöret habe, ehe die von Provence im J. 1716 angekommen waren. Was hat man doch wider ein so entscheidendes Zeugniß einzuwenden? Eine rechtliche Vorfoderung im Namen des Rectors der Pfarrkirche, und die Begräbniß des Ambrosius Guys in dem Spitale. Allein die Jesuiten thun aus den Registern der Kanzley, und aus den Todtenbüchern dar, daß eins wie das andre falsch sey. Eben diese Falschheit machet seinen Tod, der im Hause der Jesuiten soll erfolget seyn, zu nichte. Die Falschheit dieses Todfalles wirft die Entführung des Ambrosius Guys übern Haufen, welche durch den P. Chauvel auf einem kleinen Boote von Guimarts Wohnung an dem Ufer von Recouvrance geschehen seyn soll.

Man muß also die Geduld haben, noch einmal in Guimarts Herberge zurück zu gehen: wenn doch Ambrosius Guys um aller Welt Gut muß nach Brest gekommen seyn. Man suche fleißig nach: man wird doch niemand andern finden, als den Fremdling Pasquet anstatt des Ambrosius Guys. Dieß ist der einzige Reisende, der zu Recouvrance bey Guimart gestorben ist. Sein Namen steht in den Registern der Verstorbenen, des Ambrosius Guys seiner aber steht in keinem. Es ist also nicht als sonnenklar, daß die vorgegebene Ankunft, und der Tod des Ambrosius Guys zu Brest, bloß allein auf der Begebenheit des Pasciquot beruhen. Das ganze Gebäu gründet sich auf die List, womit man etwas von dem, was sich mit dem Pasciquot zugetragen hatte, unter dem Namen des Ambrosius Guys ausgestreuet, und hernach auf die Weise, wie wir in dem Gewebe der schon wiederlegten Verleumdungen gesehen haben, in den Zwilch mit eingeflochten hat.

Klagschrift.

„ Diese Sache hat viel Geräusch verursachet. "

Man muß die Zeiten unterscheiden. Vor dem J. 1715 hat man kein Wort davon gesprochen. Zu Ende dieses Jahres fieng man an, zu Marseille vermittelst der Verwickelungen und Lügen des Herrn Guyrin davon zu summen: nachdem dieser ausgestreuet, die zween bemeldten Schiffleute des Herrn Guay hätten den Ambrosius Guys genannt, und von einer Million und 900000 Livres, die in der berufenen Kiste von schwarzem Holze sollen gelegen seyn, Meldung gethan. Die Sache machte sodann zu Brest bey der Ankunft derer von Provence 1716 ein Geräusch, aber zu ihrem Nachtheile, und nicht zum Schaden der Jesuiten: denn sie wurden daselbst für nichts als irgende Ritter angesehen, die ihre Träume dort an Mann zu bringen gedächten.

Es ist wahr, daß dieser Handel nach der Klagschrift ein großes Wesen erwecket, und den Jesuiten viel Schaden zugefüget hat, nicht nur in Frankreich, sondern auch in auswärtigen Ländern, wo er durch die holländischen Zeitungen verbreitet worden. Es konnte auch unmöglich anders geschehen. Wer hätte vermuthen sollen, daß sich ein Generalprocurator wagen würde, in seiner Klagschrift die Ankunft des Ambrosius Guys nach Brest 1701, die gerichtliche Vorfoderung des Rectors der Pfarrkirche, und die Begräbniß des Körpers, welchen man von den Jesuiten auf den Freythof des Spitales gebracht haben soll, als gewisse Begebenheiten beyzubringen, ohne die Auszüge der öffentlichen Register, die der Sache erst das Gewicht hätten geben müssen, in Händen zu haben? Umsonst führet man das öffentliche Geräusch, als eine böse Anzeige, wider sie an. Sind sie vielleicht mehr schuldig, weil sie, allen öffentlichen Zeugnissen zum Troze, vor dem Parlamente und vor ganz Europa als Räuber und Mörder angegeben worden? Dieses öffentliche Geräusch machet ihr Unglück und nicht ihre Schuld: und

M　wenn

wenn man es doch einem Verbrechen zuzuschreiben hat; so kann man es
gewiß nicht denen zur Last legen, die das Opfer davon sind, rc.

Klagschrift.

„ Und die Jesuiten von Brest haben von der Zeit an so viel
„ ausgelegt und gewonnen. "

Die Jesuiten halten sich nicht für verbunden, hier Orter und Gö-
ter des Pflanzhauses zu Brest nach der Reihe herzusetzen.   Genug,
wenn sie sagen, daß sie ungeachtet der königlichen Stiftungen daselbst
ziemlich schlecht stehen, und sehr tief in Schulden stecken.   Der Generalprocurator wird ihnen also eine große Gefälligkeit erweisen, wenn er
sich die Mühe nehmen will, ihnen zu zeigen, was sie nach dem vorgegebnen Tode des Ambrosius Guys gewonnen haben.

Klagschrift.

„ Und man hat so viel Juwelen und Edelsteine in ihren Händen
„ gesehen, daß die Sache davon bis nach Hofe gekommen ist. "

Diese Juwelen und Edelsteine beziehen sich einzig und allein auf einen kostbaren Kranz, welchen P. Chauvel unter seinen Händen gehabt.
Aus den Berichten, die er lange Zeit, ehe vom Ambrosius Guys die
Rede gewesen, selbst an seine Obern geschicket hatte, und die wir in
seiner eignen Handschrift haben, weiß man, daß es ein Kranz nach
spanischer Mode war, welcher ursprünglich von der Plünderung der
Stadt Carthagena hergekommen.   Er war bey einem Beamten verlegt
worden, welcher ihn bey seiner Abreise von Brest dem P. Chauvel anvertrauet hat, daß er ihn verkaufen möchte.   Dieser brachte ihn nach
Rennes, wohin ihn seine Obern von Brest aus geschicket haben; und
gab ihn der Frau Buchet, einer Goldschmiedinn, zu sehen.   Diese trug
ihm dafür 40 Thaler an: wiewohl Herr Guerin und seine Bundesge-
nossen die Schamlosigkeit gehabt haben, desselben Preis auf mehr denn
5000 Livres zu erhöhen.   Nach einem kurzen Aufenthalte zu Rennes,
gedachte ihn P. Chauvel nach Nantes liefern zu lassen, wohin er geschicket wurde: weil er ihn um so Doppeln zu verkaufen hofte, welch
er seiner Meynung nach werth seyn mochte.   Er packte ihn in seinen
Reisekasten, der ihm sollte nach Nantes gesandt werden.   Der Kasten
ward ihm überbracht, aber nicht in dem Stande, in welchem er ihn
zu Rennes hinterlassen hatte.   Die Sperre waren aufgebrochen; und

Das

der Kranz nicht mehr darinnen. Er schrieb dann unverzüglich an seinen Freund, den Herrn von Haye-Tangues, Rechenmeister des Münzamtes zu Rennes, und bath ihn, er möchte die Goldschmidte daselbst des Kranzes halber warnen. Die Emsigkeit dieses Freundes war nicht vergebens. Er ward von einem Goldschmidte, dessen Namen man weiß, inne, daß ihm dieser Kranz von einer Person, die er nannte, gebracht worden sey. Dieß ganze Betragen des P. Chauvel reimet sich nicht auf einen Menschen, der den besagten Kranz gestohlen hätte: und keiner Seele ist es jemals zu Sinne gekommen, daß er von der Erbschaft des Ambrosius Guys seyn sollte, dessen Begebenheiten erst vier oder fünf Jahre darnach von dem Herrn Guerin ausgeheckt worden.

Klagschrift.

„ Man weiß, daß die Richter dieser Stadt, welche einen Proceß
„ angefangen hatten, um zur Bestrafung aller dieser Verbrechen zu
„ schreiten, da sie wegen eben derselben Streitsache versammelt wa-
„ ren, nachlässig gewesen sind, und ihre Pflichten auf keine Weise er-
„ füllet haben. „

Wir müssen hier zu Rechtfertigung der Richter von Brest sagen, daß sie, weil sie selbst im Orte waren, die Sache viel zu nahe betrachtet haben, als daß sie sich in diesem Handel, der allenthalben für ein Gedicht angesehen wurde, hätten verbleiben lassen. Sie haben nichtsdestoweniger alles vorgekehret, was zum Processe gehörte. Man hat die Bitte, welche Spiritus Berengier am 11 Aug. 1716 eingegeben, ausführlich angenommen, mit der Erlaubniß, von allen darinn enthaltenen Begebenheiten, Umständen, Verbindungen auf alle bequeme, und dem Rechten gemäße Wege Bericht einzuholen, wie auch Ermahnungschreiben zu erhalten, und ergeben zu lassen: wie darinnen begehret wird. Nach dem Innhalte dieses Ausspruches, wurden zwo Untersuchungen gehalten; und verschiedene Zeugen darüber abgehöret. Die erste geschah am 14 Aug. 1716, und die zweyte am 19 des nämlichen Monats. Sie giengen auch nicht eher aus, als da die Parteyen freywillig von einem Rechtshandel abstunden, der ihnen nichts als Unkosten machte. Was konnten nun die Richter von Brest weiter thun? Es ist leichter, in allgemeinen Ausdrückungen über sie zu schmähen, als insbesondre zu zeigen, worinn sie gefehlet haben.

„ Alle diese schweren und umständlichen Vorfälle liegen dem öffentlichen Staatsrechte ob, dergleichen Unordnungen müssen gänzlich ins
Klare gebracht werden. Aus diesen Ursachen u. s. f. "

Daß die in der Klagschrift beschriebenen Vorfälle schwer und wichtig sind, das ist außer Zweifel. Allein je schwerer, oder besser zu reden, je entsetzlicher sie sind, destoweniger sollte man sie ohne rechtmäßigen Grund einer ganzen Gemeinde von Ordensleuten und Priestern aufbürden. Wir lassen jedermann urtheilen, ob ein einziger Grund gegen
gen sey in einem Handel, wo alle Begebenheiten so gar keine Probe der
Wahrheit an sich haben, so gar durch keine Probe unterstützt werden,
so voll der Widersprechungen und faustdicken Lügen sind: wie man hier
hat wahrnehmen können.

Man setzet freylich hinzu, daß diese Vorfälle umständlich seyn.
Allein eben diese Umstände, welche einen leichten und sichern Weg zeigen,
die Falschheiten der Vorfälle zu entdecken, sollten die Anzeige verdächtig gemacht haben. Wenn die Halsgerichtsordnung von 1670 ausdrücklich verlanget, daß die Anzeigen umständlich seyn sollen, geschieht
solches, damit die Procuratoren des Königs sich vermittelst eines Um-
standes von dem größern oder kleinern Grunde, den die angezeigte Sache haben dörfte, versichern, und diesem zu Folge die Anzeigen entweder annehmen oder verwerfen können. Widrigenfalls würde wenig
daran liegen, ob die Begebenheiten mit Umständen begleitet werden,
oder nicht: wenn die Procuratoren sich derselben nicht gebrauchen sol-
ten, und das Recht hätten, alles anzunehmen, es möchte wahr oder
falsch seyn. Zudem sind die Umstände eines Handels nicht eben alle
von gleichem Gewichte. Wenn nun irgend einer vorhanden ist, der sich
ohne Geräusch, und ohne Wissen der Verklagten durchsuchen läßt, und
zugleich also beschaffen ist, daß die öffentlichen Urkunden die Wahrheit
oder Falschheit desselben nothwendiger Weise zeigen müssen: so scheint
es, die Billigkeit und Ordnung der Gerechtigkeit foderte, daß ein solcher Umstand ins Reine gebracht würde.

Drey Umstände von dieser Beschaffenheit kommen in dem Handel
des Ambrosius Guys vor: seine Ankunft nach Brest mit zwo oder drey
Millionen an Werthschaften; die gerichtliche Vorfoderung des Rectors
der Pfarrkirche, die Jesuiten anzuhalten, daß sie den Leib des Ambrosius Guys zurück geben; und seine Begräbniß im Spitale. Dieß sind

In gegenwärtiger Sache Hauptvorfälle, wovon nothwendiger Weise die öffentlichen Verzeichnißbücher Zeugniß geben müssen. Hätte sich der Generalprocurator die Mühe gegeben, in denselben nachsehen zu lassen, ehe er die Anzeige angenommen hat: so würde das Stillschweigen derselben ihre Falschheit entdecket haben: und die Umstände selbst, worauf er seine Folgerungen gründet, würden ihm erklecklich gewesen seyn, daß er die Anzeige, worinn er dieselben als gültig angesehen, mit Widerwillen und Verachtung verworfen hätte. Wir glauben immer, und wir müssen glauben, daß er die drey öffentlichen Register, von welchen hier die Rede ist, in der That nicht zu Rathe gezogen habe. Die Hochachtung gegen ihn läßt nicht vermuthen, daß eine Obrigkeit von seinem Range sich hätte entschließen können, Vorfälle anzuführen, von deren Falschheit er sich selbst durch Einsehung der öffentlichen Register überzeuget hätte. Mehr haben die Jesuiten von der Klagschrift nicht zu sagen. Sie hoffen hier auf eine überweisende Art dargethan zu haben, daß die Anzeige, worauf selbe verfasset worden, nicht die geringste Wahrheit enthalten habe. Sollten aber die beygebrachten Beweisthümer nicht hinreichend scheinen, so haben sie noch ein anders im Hinterhalte, welchem man nichts aussetzen kann.

Dieser wichtige Beweis ist schließender als alle Ueberführungen der Welt, und besteht darinn: daß ein Mensch, der im J. 1665 gestorben ist, wie man aus bewährten Urkunden weiß, nachdem er im J. 1661 Marseille verlassen hatte, unmöglich im J. 1701 nach Brest kann gekommen, und daselbst umgebracht worden seyn: so lange man nicht beweiset, daß er 36 Jahre darnach von Todten erweckt worden sey.

Man sieht wohl, daß sich die Jesuiten durch eine Probe von dieser Art alle die übrigen hätten ersparen können. Allein sie haben betrachtet, daß es in einem so erschrecklichen Handel, als dieser ist, nicht genug wäre sich zu rechtfertigen: zumal da dem gemeinen Beßten daran lag, daß man die Unbilligkeit der Anzeige vermittelst der Ungereimtheiten, Lügen und Widersprechungen, wovon sie voll ist, handgreiflich machte, damit man sehen möge, welchen Unbilden ehrliche Leute ausgesetzet würden, wenn der hohe Staatsrath dergleichen Beschuldigungen den Zutritt gestatten sollt'.

Ehe wir aber den Auszug des Todtenregisters vom Ambrosius Guys hersetzen, wollen wir zeigen, wie die Jesuiten zur Wissenschaft einer Begebenheit gekommen seyn, welche an sich selbst so unbekannt, und in diesem Handel so entscheidend war. Als vom Hofe der Befehl

in

in Br.tagne eingelaufen, den Proceß wegen des Ambrosius Guys ruhen
zu lassen: so that Herr Argenson, damaliger Siegelverwahrer, dem
Herrn Bret, ersten Präsidenten des Parlaments von Provence, und
zugleich Landpfleger derselben Provinz, den Auftrag, über die Begebenheit des Ambrosius Guys geheime Untersuchungen anzustellen. Herr
Bret ließ allenthalben seine Befehle ergehen = weil es bekannt war, daß
Ambrosius Guys lange Zeit zu Marseille gelebt, und sich daselbst niedergelassen hatte, und daß er von dort aus abgereiset war, als er im
J. 1661 das letztemal verschwunden, so befahl er seinem Abgeordneten
zu Marseille durch Briefe vom 8 und 25 April 1718, daß er den Her-
kunft, Verwandtschaft, und den verschiednen Zufällen des Ambrosius
Guys nachforschen sollte. Der Abgeordnete, welcher sich über dergleichen Dinge nicht besser erkundigen konnte, als bey den Anverwandten
des Ambrosius Guys, ließ vor allen den Franz Jordan, Koch und Einwohner der Stadt Marseille auf der Schloßgasse wohnhaft, als der
Enkel des Ambrosius Guys von Mutterseite, und Bruder der Frau
Jordan als der Ehefrau des Spiritus Berengier, vor sich rufen. Franz
Jordan erschien vor dem Abgeordneten am 30 April des 1718. Jahres, und gab folgende Aussage von sich.

Aussage Franz Jordans.

„Ambrosius Guys wäre sein mütterlicher Ahnherr, er wäre von
der Stadt Apt gebürtig, und seines Handwerks ein Koch. Er wäre
nach Marseille gekommen, um daselbst seine Profession zu treiben:
weil er aber nicht genug verdienet hätte, sein Haus zu unterhalten,
wäre er nach Maltha gereiset: von wannen er sich, nachdem er eini-
ges Gild gewonnen, nach Marseille zurück begeben, und alldort eine
seiner Töchter mit dem Vater des Zeugen verheurathet hätte. Aus
dieser Ehe wäre er, welcher dieses aussaget, und die Jordan seine
Schwester d.s Berengier Ehegemahlinn, welche sich dermals in Brest
befände. Nach der besagten Vermählung wäre Ambrosius Guys
von neuem in die Noth gerathen: deßwegen wäre er in Spanien gezogen, allwo er sich zu Alicante niedergelassen, und ein offenes Gast-
haus gehalten hätte. Er hätte von einem gewissen Wundarzte der
königlichen Galeeren, Namens Pilissier, vernommen, daß er den
besagten Ambrosius Guys, als er sich mit den gedachten Galeeren zu
Alicante befunden, gesehen hätte: und bey seiner Zurückkunft hätte

„ er ihm, dem Zeugen, davon Nachricht gegeben, als welcher schon
„ lange Zeit nichts von ihm gehöret hätte.　Er hätte gesagt, daß in
„ dem Gasthause des besagten Ambrosius Guys zu Alicante ein Todt-
„ schlag vorbeygegangen wäre: darum hätte die Gerechtigkeit seine Hab-
„ schaften eingezogen, und er wäre gänzlich dadurch zu Grunde ge-
„ richtet worden. “

Auf die Frage, was der erwähnte Guys für ein Alter möchte gehabt haben, als er nach Spanien abgereiset, gab Franz Jordan zur
Antwort, „ er wäre beyläufig 60 Jahre alt gewesen.　Er setzet
„ hinzu, daß seit einigen Jahren das Gericht zu Marseille her-
„ umgegangen wäre, Herr Guerin ein Geistlicher gäbe vor, er woll-
„ te den Befreundten des besagten Ambrosius Guys große Reichthü-
„ mer zuwege bringen, welche besagter Guys aus Indien zurück ge-
„ bracht hätte.　Weil er Zeug gesehen hätte, daß die Jordan des Be-
„ rengier Weib diesen Versprechungen allzu leichtsinnig Beyfall gäbe:
„ so hätte er sich bemühet, ihr die Sache auszureden, und zu verhin-
„ dern, daß sie leichtgläubigen Leuten nicht ihr Geld abschwatzen möch-
„ te, wie sie bereits gethan hätte: da dieselben in der Hofnung an den
„ eingebildeten Reichthümern großen Antheil zu haben, kein Bedenken
„ getragen hätten, ihm Vorschüsse zu thun.　Aus dieser Zahl wäre die
„ Frau Eppanet, welche der Jordan 500 Livres vorgestrecket hätte, un-
„ ter dem Versprechen, mit Ausgange des Handels 10000 dafür zu
„ haben.　Was den Zeugen beträfe, hätte er nichts dazu gegeben, weil
„ er den Handel immer nur als ein leeres Blendwerk angesehen, wo-
„ durch sich Herr Guerin, der sich, wiewohl fälschlich, für einen An-
„ verwandten des Ambrosius Guys ausgäbe, das Geld zu Nutzen
„ machte, welches er zusammen brächte, den Proceß fortzusetzen.　Die-
„ se abschlägige Antwort hätte einen empfindlichen Brief veranlasset,
„ worinn ihm Herr Guerin eröfnet hätte, weil er zu den Unkosten nichts
„ beyzutragen vermöchte, so würde er auch an der Verlassenschaft des
„ Ambrosius Guys nicht Theil haben. “

Sobald Franz Jordan diese Aussage gethan hatte, nahm der
Abgeordnete unmittelbar den Matthäus Chiausse, Netzemacher der
nämlichen Stadt, und des besagten Franz Jordans Großoheim, in
Verhör.　Er bestätigte die Aussage desselben, und stimmte über alle
Begebenheiten und Umstände damit ein.　Folgendes setzte er hinzu:

Aussage

Aussage des Matthäus Thiausse.

„ Ein gewisser Panisse, Bäcker zu Marseille, der schon gestorben
„ sey, und hinter der Pfarrkirche St. Martin gewohnet habe, hätte
„ ihm öfter gesagt, daß er zu Alicante in dem Gasthause des besagten
„ Guys seine Einkehre gehabt, da der Todtschlag darinn begangen wor-
„ den, welcher den Sturz desselben verursachet hätte. Alle seine Hab-
„ schaften wären von der Gerechtigkeit eingezogen worden: der offt-
„ dachte Guys wäre vor Leidwesen gestorben, und der besagte Panisse
„ hätte ihn begraben gesehen. “

Auf diese Kundschaft schrieben die Jesuiten nach Spanien, daß
man sich zu Alicante von allem erkundigen möchte, was sich mit dem
Ambrosius Guys zugetragen hätte, welcher im J. 1661 dahin gekommen wäre; und daß ihnen der Auszug von dem Todtenregister überschicket würde, wenn er darinn anzutreffen seyn sollte.

Die Antwort auf dieses Schreiben war der Todtenschein des Ambrosius Guys, als eines Menschen, welcher zu Alicante am 6 Wintermon. des 1665 Jahres begraben worden. Diese wichtige und entscheidende Urkunde ist mit allem dem begleitet, was zur allersichersten Bewährung nöthig ist. Den Auszug hat Joseph Pavia, einer von den
Schriftverwahrern der Pfarrkirche U. L. J. zu Alicante, abgefertiget.
Er bezeuget darinn, er habe das Register der besagten Pfarrkirche zum
Jahre 1665, welches nebst andern in den Archiven der nämlichen Kirche liegt, nachgeschlagen, und in dem Verzeichnisse der aus Barmherzigkeit begrabenen auf der 258 Seite einen Artikel folgendes Innhaltes gefunden.

„ Ambrosius Guys von Nation ein Franzos. Am Freytage, als
„ am 6 Wintermon. 1665 ist der oben genannte in dieser Kirche aus
„ Barmherzigkeit begraben worden: und zu Folge der Verordnung des
„ bischöflichen Stadthalters dieser Stadt Alicante und ihrer Gerichts-
„ barkeit war die gesammte Geistlichkeit dabey. “

Diese Zeugschrift ist von dem oben erwähnten Schriftverwahrer
Doctor Joseph Pavia am 6 Heum. 1719 unterschrieben, und mit dem
Siegel der Pfarrkirche St. Maria zu Alicante unterzeichnet worden.
Imgleichen ist sie als wahr und richtig bestätiget von Pascal Bueno,
ordentlichen und geistlichen Notar, wie auch Secretär des bischöflichen
Stadthalteramtes der Stadt Alicante, ihres Gebiethes, und ihrer Ge-
richtbarkeit, unter dem nämlichen Tage, worunter die Zeugschrift ab-
gegeben

gegeben worden. „Pascal Bueno versichert in seinem Zeugnisse zwey Dinge. Erstlich, daß obiger Todtenschein wohl und getreulich von den Todtenregistern der Pfarrkirche U. L. F. zu Alicante abgeschrieben sey. Zweytens, daß die Unterschrift, worinn Doctor Joseph Pavia Schriftenverwahrer von U. L. F. genannt wird, eigenhändig von demselben geschrieben und unterzeichnet sey: daß er wahrhaftig Schriftenverwahrer, und das Zeichen, womit besagter Schein versiegelt ist, das eigene und ordentliche Siegel der oft genannten Kirche sey.

„ Das Zeugniß des Pascal Bueno ist nicht nur von drey apostolischen Notarien zu Alicante in einer besondern Handlung unter dem nämlichen Orte, Monat und Jahre bekräftiget; sondern auch von dem Abgeordneten der französischen Nation zu Alicante, und von andern französischen Kaufleuten, die in dieser Stadt handeln. Diese bezeugen alle zugleich in einer Handlung vom 8 Heum. 1719, welche sie unterschrieben haben, daß Herr Pascal Bueno, der besagtes Zeugniß gegeben, gleichwie auch die andern drey, die dasselbe Zeugniß bewährt haben, apostolische Notarien seyn, welchen sowohl in als außer Gerichte vollkommener Glaube beygemessen werde.

„ Giebt es wohl irgend eine Förmlichkeit, die diese Handlung noch bewährter machen kann? Man wird also einer so entscheidenden Acte entweder Lügen Schuld geben, oder gestehen müssen, daß Ambrosius Guys zu Alicante gestorben, und am 6 Winterm. 1665 daselbst begraben worden sey. Dieser Todtenbrief reimet sich unvergleichlich wohl zu allen den Widersprüchen, und handgreiflichen Ungereimtheiten, wodurch man in diesem Handel bey jedem Schritte angestoßen hat: und derselbe allein ist im Stande, allen Erdichtungen die Larve zu entreißen. In den Zufällen des Lebens und Tods des Ambrosius Guys, wie sie die Klagschrift beschreibt, befindet sich eine Art Zauberey, die kein Mensch ergründen kann. Er verlegt sich 30 oder 40 Jahre hindurch jenseits des Meeres auf die Handelschaft: und man findet keine Spur davon; man kann nicht einen Zoll breit Erde bestimmen, wohin sich mit Wahrheit sagen ließe, daß er jemals einen Fuß gesetzt habe. Diß schien unglaublich. Aber noch mehr. Er kömmt im J. 1701 mit Werthschaften von zwo bis drey Millionen nach Brest: und die Verzeichnisse der Schifffahrt wollen weder von seinen Gütern, noch von seiner Person etwas wissen. Ist es möglich, daß so beträchtliche Habschaften den wachbaren Blicken der Seebeamten entgangen sind? Er stirbt endlich zu Brest, und wird in dem Spitale begraben, ohne daß die Register des Spitals, oder der Pfarrkirche davon reden. Wie hat man doch in diesen Registern den Ambrosius Guys vergessen können.

nen, abſonderlich nach dem Geſchrey und Lärmen, welchen ſein Tod zu
Breſt verurſachet haben ſoll: und nach der gerichtlichen Vorfoderung, wodurch man die Jeſuiten von dem Pfarrer belangt wiſſen will? Nein;
nichts konnte man in dieſen Finſterniſſen erblicken, bis der Auszug des
Todtenregiſters vorhanden war. Man hat aber nicht früher darthun
darthun wollen, daß Ambroſius Guys am 6 Winterm. 1665 zu Alicante geſtorben iſt, damit weder von ſeiner Reiſe, noch von ſeinem Aufenthalte jenſeits des Meeres einige Spur übrig bleibe; und weil die Regiſter der Schifffahrt, und die Todtenbücher der Stadt Breſt weder von
ſeiner Ankunſt nach Breſt, noch von ſeinem Tode, und ſeiner Begräbniß
Meldung thun. Ambroſius Guys, der im 1665 Jahre zu Alicante geſtorben, und begraben worden iſt, hat nach der Zeit jenſeits des Meeres kein Zeichen des Lebens mehr geben können. Ein Menſch, der ſo viel
Jahre vorher verſchieden war, kann im J. 1701 nicht nach Breſt gekommen ſeyn, um daſelbſt noch einmal zu ſterben, und noch einmal begraben
zu werden, wenn er zuvor nicht wieder auferſtanden iſt. Ein Menſch endlich, welcher zu Alicante ſo armſelig geſtorben war, daß er nicht ſo viel
hinterließ, wovon man die Begräbniß hätte beſtreiten können, und deßwegen um GOttes Willen begraben wurde, ein ſolcher hat gewiß nicht
Luſt gehabt, 36 Jahre nach ſeinem Hinſcheiden zwo oder drey Millionen
an Werthſchaften nach Breſt zu bringen.

　　Man weiß gar wohl, wie ſehr dieſe fatale Schrift den Erben des
Ambroſius Guys, und ihren Gönnern den Plan verrücket hat: denn ſie
hat den Kanzler von Frankreich, ſobald ſie ihm 1721 eingehändigt
worden, von der Betriegerey des ganzen Gedichtes auf einmal überführet. Man weiß auch, daß er nichts anders verlanget hat, viele Perſonen, die ſich hatten hintergehen laſſen, aus dem Irrthume zu ziehen.

　　Es iſt wahr: Spiritus Berengier hat in einer Bittſchrift, die er
im J. 1721 dem Kanzler hierüber eingereicht, der Kanzler aber mit dem
verdienten Schimpfe verworfen hat, die Vermeſſenheit gehabt zu ſagen,
er hätte mit jenem Ambroſius Guys, welcher im J. 1665 zu Alicante geſtorben iſt, nichts zu thun, wohl aber mit dem andern, der zu
Breſt im J. 1701 geſtorben wäre: und zu dem Ende kömmt er auf's
neue mit der Abfoderung des entſeelten Leichnams, die der Pfarrer an die
Jeſuiten gethan haben ſoll.

　　Allein Spiritus Berengier mag einen andern Weg ſuchen, die
Stärke des Todtenſcheines vom Ambroſius Guys zu vernichten. Dieſes Blatt beweiſet, daß ein Franzos, mit Namen Ambroſius Guys,

zu Alicante am 6 Winterm. 1665 gestorben sey. Die Aussagen des Bruders und des Großonkels der Francisca Jordan sind unüberwindliche Proben, daß dieser Ambrosius Guys, der zu Alicante gestorben, der Großvater der Francesca Jordan und ihres Bruders gewesen ist. Pelissier, Wundarzt der königlichen Galeeren zu Marseille, und Ponisse ein Bäcker der nämlichen Stadt, von welchen in den erwähnten Aussagen Meldung geschehen ist, hatten den Ambrosius Guys zu Alicante und zu Marseille gekannt. Sie haben sich auch seine Person betreffend nicht irren, noch einen andern zu Alicante für den Ambrosius Guys ansehen können, als welchen sie unter diesem Namen zu Marseille gekannt hatten. Der Todtenbrief ist unwidersprechlich: die von dem Abgeordneten des Herrn Bret Landpflegers von Provence abgehörten Zeugnisse sind gerichtlich: eben diese sind an den Landpfleger, von ihm aber nach Hofe geschicket worden im J. 1718: das ist, zu einer Zeit, da kein Verdacht war, und da man den Gegenbericht von dem Tode des Ambrosius Guys noch nicht hatte. Diese Zeugnisse versichern, Ambrosius Guys müßte in den Todtenbüchern von Alicante zu finden seyn: und die Todtenbücher von Alicante, in welchen Ambrosius Guys gefunden worden, beweisen, daß diese Aussagen wahr sind. Folglich ist es außer Zweifel, daß Ambrosius Guys, der im J. 1665 zu Alicante gestorben, eben derselbige ist, welcher 1661 Marseille verlassen hat, und dessen Verlassenschaft man jetzund zurückfodert.

War nun Ambrosius Guys im Jahre 1665 zu Alicante gestorben: was sollen wir von allen den Begebenheiten sagen, die in der Klagschrift mit so großem Nachdrucke behauptet und vor Augen gestellet werden: daß er nämlich im J. 1701 noch gelebet habe, daß er von neuem zu sterben nach Brest gekommen sey, nachdem er 36 ganze Jahre nach seinem Tode jenseits des Meeres unsichtbarer Weise Handelschaft geführet? Was ist doch immer mit jenem verkleideten Notar, was mit den vier Jesuiten geschehen, welche sich in Bürger verwandelt hatten, Zeugen abzugeben? Was sollen wir von jenen bittern Klagen gedenken, welche die Klagschrift über einen Menschen hören läßt, der im J. 1665 in der äußersten Noth gestorben war, und den im J. 1701 bloß sein Reichthum armselig gemacht hat? Ueber einen Menschen, den die Jesuiten mit unerhörter Grausamkeit, da er schon viel Jahre unter der Erde gelegen, ohne geistlichen und zeitlichen Trost schmachten ließen; und welchen sie hierauf mit barbarischer Unmenschlichkeit auf eine so jähe Weise ums Leben brachten, daß man die Wahrzeichen der

Leib

Leidenschaft, der Gewaltthätigkeit und der Wuth nothwendig
beobachten mußte: und dieses 36 Jahre, nachdem er gestorben war?
Was werden wir endlich von diesem großen und ernstlichen, von diesem wichtigen und der äußersten Aufmerksamkeit würdigen Handel sagen, hinter welchen man durch unverdächtige Wege geleitet ist?

Man sieht zur Gnüge, was der Mislaut zwischen dem Toden-
scheine und der Klagschrift für eine Wirkung haben muß, wenn man
sie gegen einander hält: und wir sind versichert, daß der Secretair
curator selbst keinen Blick darauf werfen kann, ohne sich wider den An-
zeiger zu ereifern, und sonderbar wider den Herrn Guerin, welcher die
Nachtheile seiner Religion sein Seelenamt so sehr in die Schanze zu
schlagen hat.

Es ist nun Zeit, den Herrn Guerin, als die Seele dieses Handels, zu entwerfen, und dadurch die Welt urtheilen zu lassen, was man
auf einen Menschen seines Gelichters zu halten habe. Einen richtigen
Begriff davon zu machen, wollen wir nur anführen, was wir aus gewissen Nachrichten wissen, welche von einer bewährten Hand aus dem
Bischthume Glandeve in der Gegend von Nizza kommen, und durch
die Beysetzung eines gerichtlichen Zeugnisses bestätiget sind.

„ Was ich von diesem übel berüchtigten Priester gewisses weiß, ist,
„ daß er von Peonne des Bischthums Glandeve aus der Gegend von
„ Nizza gebürtig ist: daß er die ersten Jahre seines Lebens die Schaafe
„ gehütet: daß er hierauf diesen Stand verlassen, um zu studiren, und
„ den geistlichen Stand anzutreten, in welchem er durch seinen ausge-
„ lassenen Lebenswandel das ganze Bischthum geärgert hat. Die Stadt
„ Guillaume ist der Schauplatz seiner größten Ausgelassenheit gewesen:
„ da er sich mit einem abtrünnigen Ordensgeistlichen (man verschweiget
„ aus Ehrerbiethung den Namen seines Ordens) vereinigte, der aus
„ den Gefängnissen von Bordeau entflohen war. Dieser hatte sich un-
„ ter den Schutz eines Mannes von Stande (dessen Namen Ehren
„ halber verborgen wird) dahin geflüchtet, welcher sich ein Vergnü-
„ gen machte, betrunkene und ausgelassene Personen, wie Herr Gue-
„ rin und der besagte Ordensmann waren, um sich zu haben.

„ Die ärgerlichen Ausschweifungen dieses Guerin haben den Bi-
„ schof von Glandeve (Herrn von Sabran) dahin vermocht, daß er
„ sich nach Guillaume begab, um das nöthige wider ihn vorzunehmen.
„ Dieser Priester glaubte, er würde sich nicht besser aus dem Processe
„ herauswinden, als wenn er den Bischof trotzte, in der Hoffnung, er
würde

„ würde ihn dadurch in die Nothwendigkeit setzen, mit ihm gewaltthä-
„ tig zu verfahren: und so gedachte er das Wetter von sich abzuwenden.
„ Zum Theile ist es ihm gelungen: denn das erhitzte Blut zwang den
„ Herrn von Sabran, sein spanisch Rohr wider ihn aufzuheben: wel-
„ ches dem Herrn Guerin Anlaß gab, allenthalben zu sagen, der Bischof
„ hätte ihn geprügelt.

„ Er begehrte besichtiget zu werden, damit man von den Beulen,
„ die er hätte, einen rechtlichen Bericht verfertigen möchte. Der Be-
„ richt wurde gemacht: und die Wundärzte erklärten dieselben als alte
„ Beulen, die ihm, wie man bewiesen hat, zu Peonne, in seinem Ge-
„ burtsorte, von einem Menschen des gedachten Dorfes gemacht wor-
„ den sind, wider welchen er verschiedene Schelmereyen gespielet, und
„ den er vorher mit Schlägen empfangen hatte. Man hat auch bewie-
„ sen, daß diesem Geistlichen bey seiner Abreise aus diesem Bischthume
„ nach Marseille eine gewisse Summe Gelds anvertrauet worden, wel-
„ che ihm, seinem Vorgeben nach, auf der Straße soll geraubt worden
„ seyn. Es ist aber klar das Gegentheil dargethan, und er dahin ver-
„ urtheilet worden, daß er solche mit seiner Unehre zurückstellen sollte.

So viel sagt der Bericht. Wir wollen diesem nun eine Zeugschrift
des Abtes von Jausselet beyfügen, welcher zur Zeit des Processes wider
den Herrn Guerin Beamter von Glandeve in der Gegend von Nizza gewesen ist. Ihr Innhalt ist, wie folgt.

„ Ich bezeuge, daß ich mich beyläufig vor zehen Jahren, als ich
„ Beamter von Glandeve in der Gegend von Nizza war, auf Begeh-
„ ren des Herrn Promotors Johann Baptist Saurin nach Peonne ver-
„ füget habe, um wider den aus diesem Flecken gebürtigen Priester Gue-
„ rin Berichte einzuholen, als welcher beschuldiget wurde, er hätte frech
„ und unanständig wider den verstorbenen Herrn Bischof gesprochen,
„ er hätte mit dem Frauenzimmer bedenklichen Umgang, er wäre dem
„ Weine und der Unmäßigkeit ergeben. Hierüber nahm der oft gedach-
„ te Priester Guerin die Zuflucht zum Beamten des Bischofs von Am-
„ brun nach Barcellonette: und weil er das Gericht von Glandeve nicht
„ erkennen wollte, erhielt er von dem besagten Beamten ein erschlichenes
„ Verboth, weiter zu schreiten. Wie nun der Promotor zur selbigen
„ Zeit starb, ward die Untersuchung eingestellet, und in diesem Handel
„ nichts weiter vorgenommen. Zu Beglaubigung dessen hab ich gegen-

I. N 3 „ wär-

„ wdrtiges Zeugniß unterschrieben, und mit meinem Siegel unterzeichnet.
„ Puget, den 20 May 1721.

„ Abt von Jausselet. „

Diese Unterschrift des Abts von Jausselet ist bewährt und bekräftigt durch eine Acte unterm 22 May 1721 von Herrn Gaspar Besson, Priester, Doctor der Theologie, Erzdiacon der Domkirche zu Glandeve, Generalvicar und Beamten des Capitels.

Als nun Herr Guerin in dem Bischthume Glandeve einen so schlechten Ruf hatte, wußte er für sich kein besseres Mittel, als die Luft zu ändern, und in ein Bischthum zu ziehen, wo er von niemanden erkannt würde. Er begab sich nach Marseille, wo er vermittelst seiner Anschläge eine Stiftung erhielt. Diese Stiftung ist eine Kirche in dem Gebiete der Stadt Marseille. Sie wird la Pomme genannt, und verbindet den Priester, daselbst zu wohnen, und gewisse persönliche Verrichtungen zu thun. In kurzer Zeit hörte Herr du Lue, weiland Bischof zu Marseille von der ungezognen Aufführung des Herrn Guerin reden: und wegen der wiederholten Klagen des Volkes stand er auf dem Puncte, ihm den Proceß zu machen, da er eben zum Erzbischthum Aix erhoben wurde. Kaum war sein Nachfolger zu Marseille eingetroffen, als die Klagen von neuem wieder anfiengen. Anstatt daß dieser Prälat die Schärfe der Gerechtigkeit ergriffen hätte, wollte er lieber der Kirche la Pomme einen Besuch ablegen, um die Sache mit weniger Geräusch und Aergerniß in Ordnung zu bringen. Er machte hiezu am 30 Horn. 1715 den Anfang, und mußte daselbst eine unendliche Menge Beschwerden wider den Herrn Guerin vernehmen. Nebst den Beschuldigungen, die man ihm schon zu Glandeve vorgeworfen hatte, im Absehen auf den Wein und das Frauenzimmer, welche hier erneuert wurden, wollen wir sonst einige aus dem Wortprocesse dieses Besuches, der in die öffentlichen Register eingetragen ist, aufführen.

I. Herr Guerin hätte den Kirchendienst im Jahre 1712 zehen, im J. 1713 sieben, und im J. 1714 mehr dann acht Monate hindurch verlassen. In seiner Abwesenheit wäre die Kirche verschlossen; die Einwohner, und die Kinder ohne Predig, ohne Christenlehre, ohne Unterweisung gewesen: welches die Jugend in eine jämmerliche Unwissenheit gestürzet hätte. Ueberdem wären die Entfernungen dieses Geistlichen allzeit ohne Entschuldigung, und zum Troze verschiedener canonischen Ermahnungen geschehen, welche ihm von dem Promotor des Amtes den 13 Herbstm. 1712, und den 21 Märzen 1713 angedeutet worden.

II. Die

II. Die heiligen Gefäße, und Kostbarkeiten dieser Kirche wären durch seine Nachläßigkeit und Entfernung alle zerstreut und verlohren worden: welches den Herrn Bischof genöthiget hätte, Personen dieser Gegenden zu ernennen, die da nachsuchen sollten.

III. Herr Guerin hätte durch seine oftmaligen Erhitzungen, womit er vielfältig gegen einen jeden aufgefahren wäre, durch Verachtung anderer, durch seine zügellose Worte, und durch seine unordentliche Lebensart das ganze Volk so sehr geärgert, daß kein Mensch wäre, der auf ihn ein Vertrauen haben könnte.

Diesen Beschuldigungen zu Folge ist Herr Honorat Guerin dahin verdammet worden, daß er drey Jahre in dem Pflanzhause zubringen sollte: wahrhaftig ein sehr gnädiges Urtheil in Betrachtung der Uebelthaten, deren er überzeuget war.

So gnädig aber die Strafe war, schien sie dem Schuldigen doch allzu hart: welcher das Ansehen seines Bischofs in den Wind schlug, und desselben Befehl für nichts achtete. Man gieng also auf das Anlangen des Promotors von neuem wider ihn zu Werke: und weil er in seiner Halsstarrigkeit geblieben, ward er durch drey canonische Ermahnungen unter Strafe der Einstellung aller Kirchendienste und auch der Göttlichen Opfer des Gehorsams erinnert. Nach diesen ist er wirklich auf besagte Weise von dem Statthalter des Bischofs durch den Ausspruch vom letzten May 1713 als untüchtig erkläret worden.

Herr Guerin, welcher sich von der Verordnung des Bischofs zu Marseille schon auf das hohe Amt des Erzstiftes Arles berufen hatte, verlohr den Handel abermal, sowohl in Ansehung dieser Verordnung, als des Urtheilspruches. Er ward auch zu den Unkosten verfället: und sowohl die Verordnung des Bischofs von Marseille, als der Ausspruch seines Vicars, von dem erzbischöflichen Amte zu Arles am 23 Winterm. 1715 bestätiget.

Vielleicht würde Herr Guerin endlich den Entschluß gefasset haben, sich der Lossprechung von seiner Strafe würdig zu machen: wenn ihm nicht das Ungeheuer von den Schätzen des Ambrosius Guys so große Hoffnungen beygebracht hätte. Nunmehr, als um das End des 1715 Jahres, fieng er an, zu Marseille über den Ambrosius Guys seinen Entwurf zu machen. Im J. 1716 gieng er nach Brest: von dannen begab er sich nach Paris, allwo er lange Zeit auf Unkosten einfältiger Leute in den Zechhäusern zugebracht: da er denselben weiß machte, seine Geschäfte giengen unvergleichlich von statten, und ihnen

durch

durch diese Heucheleyen von Tag zu Tage neue Summen Geldes ab-
lockte: Herr Gaucher, Schaßmeister der verstorbenen Königinn von
Pohlen, der um 50 Thaler in sein Garn gefallen, hat die Treulosig-
keit dieses Geistlichen, und die schlechte Rechnung, welche er auf die
versprochenen 20000 Thaler zu machen hatte, allzu spät erfahren.

In Ermangelung solcher Thoren, lebte er auf fremde Kösten, wo
er nur konnte. Einem Wirthe zu Paris, in dessen Hause er sich zwey
bis drey Monate aufgehalten, gabe er zu verstehen, er hätte von
seille eine reiche Kirchenstiftung: wiewohl derselben Einkünfte nicht über
200 Livres stiegen. Als sich aber der Wirth ohne Bezahlung von
ihm verlassen sah: schrieb er an den Herrn Bischof von Marsille, und
bath ihn, die Einkünfte dieser Stiftung einzuziehen, damit er dadurch
befriediget würde. Er sagte, dieser ehrliche Priester, hätte damit 7 bis
8 Flaschen Wein getrunken; er wäre zwey oder drey Monat lang in
seinem Hause geblieben: und ein Mann, der 9 Kinder hätte, wie er,
würde zu Grunde gehen, wenn er nicht bezahlet werden sollte. So dur-
stig Herr Guerin auch immer mag gewesen seyn, ist es doch nicht wahrscheinlich, daß er des Tags so viel Flaschen Wein ganz allein ausge-
stochen habe. Allein er hat in diesem Stücke so wenig Credit, daß man
ohne Scheue glauben kann, er habe wenigstens einen guten Theil davon getrunken, und mit dem übrigen sich Freunde und Mitgesellen zu
machen gesucht.

Dieß ist der Charakter des Herrn Guerin: und er hat denselben
zu behaupten gewußt, solang der Proceß währte, in welchem es ihm
an Lügen niemals gefehlet hat, so oft er solche vonnöthen hatte. Wir
haben davon eine sehr sichtbare Probe an der Art, auf welche er den
Bericht der zween Schiffleute von Rochelle verfälschet hat: wie wir in
dem zweyten vorläufigen Artikel angemerket haben.

So viel haben wir zu Rechtfertigung der Jesuiten in diesen Nachrichten sagen müssen. Wir haben uns, so gut es sich thun ließ, in
den Schranken dessen gehalten, was eine ordentliche Rechtfertigung zu
erheischen schien. Sollte sie doch, ungeachtet der Aufmerksamkeit, womit man alles überflüssige zu vermeiden getrachtet, jemanden zu weitläufig vorkommen: so lassen wir ihn bedenken, daß eine in zweyen
Worten abgefaßte, und ohne Beweis fortgesetzte Verleumdung, ohne
vielfältiges Erörtern nicht kann wiederleget werden, wenn man jeden
Theil der Verleumdung wieder ins besondere vor die Hand nehmen
muß. Dieß ist es, was wir in gegenwärtigem Handel oft haben thun
kön-

können: da Herr Eu ein so wenig auf die Vernunft und Wahrscheinlichkeit acht gehabt, daß man sagen kann, einer der größten Vortheile
für die Jesuiten sey dieser gewesen, daß sie mit Feinden zu thun gehabt, welche mehr Verwegenheit in Fortsetzung des Betruges, als
Verstand in der Art solches zu thun gezeigt haben.

Wir glauben übrigens, daß ein solcher Handel, wie dieser, das
ist eine Anklage über Mord und Diebstahl, welche so gar auch der geringsten Probe beraubt, und so voll ungereimter und widersprechender
Dinge ist, als diese, wowider sich hier die Jesuiten haben vertheidigen müssen, daß ein solcher Handel, sage ich, auf keiner Kanzley eines Gerichtes anzutreffen sey. Die Verleumbung ist so sichtbar und
handgreiflich, daß jene, die derselben Beyfall gegeben, über ihre Einfalt erröthen werden. Solcher Gestalt versprechen sich die Jesuiten von
der Billichkeit der ehrlichen Welt, gegenwärtiger Handel werde ihr in
Zukunft zur Bewegursache dienen, in dergleichen Beschuldigungen
ein wenig behutsamer zu seyn. Hat man geglaubt, man könne sie nicht
nur ohne Beweisthum, sondern auch so gar wider die Betheurungen
der bewährtesten, und sichersten Zeugnisse bezüchtigen, sie hätten im J.
1701 in ihrem Hause zu Brest einen armseligen Menschen umgebracht,
der 36 Jahre vorher zu Alicante gestorben und begraben war: so kann
man sich leicht einbilden, daß es kein Verbrechen giebt, das man ihnen nicht soll ansinnen können. Nach dem Drucke dieser Nachrichten
ist am 3 Heum. 1723 an das Parlament von Bretagne eine Bittschrift eingegeben worden, worinn man behauptet, daß ein Jesuit von
Marseille den Erben des Ambrosius Guys 50000 Thaler angebothen
habe, um mit denselben einen Vergleich zu schließen. Ob gleich solch
ein Betrug, den man ohne Beweis auf die Bahn bringt, keine Antwort verdient: werden wir ihn gleichwohl in dem Processe durch ein be-
währtes Zeugniß entblößen. Er hat nicht einmal den Reiz einer Neuigkeit an sich: denn er wiederholet nur das von den Jesuiten zu Marseille, was man von denen zu Brest gesagt hatte, in deren Namen
Herr von Reinterie, eben denselben Erben eine gleiche Anerbiethung gethan haben soll. Wir haben aber die Falschheit dieses Vorgebens schon in
dem vierten vorläufigen Artikel an den Tag gelegt.

Bis daher die Nachrichten. Ich hätte mir die Mühe selbe zu übersetzen leicht ersparen können, wenn ich auf nichts anders gesehen hätte,
O

als Eurer Excellenz von dem Hauptwesen dieses [...]
leisten. Allein ich dachte, Sie würden diese Schrift [...] lesen,
und ich würde Ihnen die Abscheulichkeit der Verleumdung [...]
das lächerliche Wesen der Betriegerey nicht begreiflich [...]
können, wenn ich Ihnen bloß einen kurzen Auszug davon [...]
te. Ich halte es hingegen für überflüssig alles abzuschreiben, [...] derselben angehengt ist: weil es mir zu diesen zwo Absichten, [...]
vorgesetzt habe, gar nichts helfen würde. Nichts desto [...]
Ihnen diese Zusätze anzeigen. Der erste ist ein Be[...]
richtet wird, wie die Jesuiten nach der Klagschrift des [...]
rators, da sie sich mit einer so groben und unerwarteten [...]
angegriffen sahen, eine Frist begehret und erhalten haben, [...]
kommenen Vertheidigung die nöthigen Urkunden zu sammlen [...]
sie diese beysammen hatten, erhielten sie einen Befehl von [...]
man die gerichtlichen Untersuchungen zu Brest aufs [...]
sollte. Hiezu wurden zu Verhütung größerer Unkosten Herr [...],
und der Procurator des Königs Herr von Kuimper von dem Kö[...]
ge zu Comißarien ernannt, daß sie den ganzen Proceß bis auf den
Urtheilspruch, mit Ausschlusse desselben, führen sollten. [...] das Urtheil sollte von der großen Kammer und von der Kammer [...]
nelle in dem Parlamente von Bretagne über den Bericht und die Vorkehrungen der zween Commissarien ausgesprochen werden. [...] die
Commissarien am 18 May 1723 zu Brest eingetroffen [...], ließen sie
in den Pfarrkirchen von Brest und Recouvrance Ermahnung[...]
und hierauf die Gegenbeschwerden unter den ordentlichen [...]
machen. Sie hörten nach diesem verschiedene Zeugen ab. [...]
gen waren aufs höchste ausschweifend und einander selbst [...] und
trafen die Jesuiten immer nur durch Umwege. Nur zween [...]
was aus, was die Klagschrift unterstützen könnte: und die[...]
Mann und eine Frau, zween Eheleute, von dem Auswurfe des Pö-
bels, welche behaupteten, sie hätten einen Fremdling auf einem [...]
Boote, samt der großen Kiste mit den vorgegebenen S[...]
P. Chaubel überführen gesehen. Wie leicht es dem Jesuiten [...]
auf Abordnung seiner Gemeinde zur Verantwortung erschienen ist, gefallen seyn muß, die abenteuerlichen Aussagen dieser zween Bürger[...]
umzustürzen: können Euer Excellenz aus dem, was oben gesagt worden, unschwer abnehmen. Drum ist es unnütz alles nach einander her-
zuschreiben, wie es der Verfasser der Nachricht[...]

ge gethan hat. Er meldet auch, wie sich diese zween Zeugen in der
Zusammenstellung verwirrt haben, da sie durch das Zusetzen des Jesuiten in die Enge getrieben einander bald widersprachen, bald gar er-
stummt da stunden. Man kann sich aber auch dieses nach denen Dingen, welche schon gesagt worden, leicht vorstellen.

Auf den Beytrag folget das Schlußurtheil des Parlaments von
Bretagne, welches die Jesuiten lossspricht, und die Verleumder verdammet, wie ich Ihnen vom Anfange gesagt habe: und dem Schlußurtheile sind die in den Nachrichten angezeigten Zeugnisse beygefüget.
Das erste ist das Zeugniß der 22 alten und neuen obrigkeitlichen Personen zu Brest, welche versichern, daß sie, vor der Ankunft derer von
Provence nach Brest, von dem Ambrosius Guys niemals reden gehört; und daß sie diese Geschicht allezeit als eine Fabel angesehen
haben. Das zweyte ist die Zeugschrift des Herrn von Reinterie, Befehlshaber der Stadt und des Schlosses zu Brest, welcher bezeuget,
er habe mit dem Herrn Guerin von dieser Sache im Namen der Jesuiten weder mittelbar noch unmittelbar jemals gesprochen. Das
dritte ist von dem Herrn Champmelin, Capitäne der königlichen See-
truppen, welcher da widerspricht, daß er aus dem Munde des P.
Bellouan vor seinem Tode jemals gehört habe, nichts ängstigte ihn
mehr, als daß die Güter des Ambrosius Guys seinen Erben nicht
zurückgestellet werden. Das vierte ist von dem Herrn Beauchene, Befehlshaber der zwey Schiffe der königlichen Gesellschaft auf
dem stillen Meere, des Phelppeaux und des Diamanten. Dieser bezeuget, er habe weder auf den Küsten von Guinea, noch sonst irgendwo jemals einen also genannten Ambrosius Guys zu Schiffe genommen; es sey ihm auch nicht bewußt, daß jemand dieses Namens auf
den Diamanten, der unter dem Herrn von Terville stand, gekommen,
und mit ihm am 6 Aug. 1701 zu Rochelle eingelaufen sey. Das fünfte ist der Auszug aus den Todtenbüchern der Spitäler und Pfarren
zu Brest, in welchen der Name Ambrosius Guys nicht zu finden ist.
Das sechste ist eine Zeugschrift des Archivs von den Acten der Notarien zu Brest, wodurch die Vorfoderung zu nichte wird, welche
man den Jesuiten von Brest soll angekündet haben, daß sie den Körper des Ambrosius Guys zurückgeben sollten.

Ich unterlasse, sage ich, diese Urkunden, gleichw selbst die Verfasser der Nachrichten etliche davon unterläßt, die er doch zu dem Processe anzuführen versprochen hat. Denn eines Theils würde es mir be-

D 2

schwer-

schwerlich gewesen seyn, selbe zu übersetzen, und Euren Ercellenz, sie zu lesen: anderntheils erlaubet der Ausgang des Handels nicht zu zweifeln, ob dieselben vor Gerichte wirklich vorgebracht, und gültig befunden worden. Ich würde auch das weggelassen haben, was an Ende der Nachrichten von dem persönlichen Charakter des Herrn Emerin gemeldet wird. Allein nebst dem, daß es für einen Unparteyen keine gleichgültige Sache ist, dem Kläger durch gerichtliche Untersuchung seiner überall bekannten, und schon bey andern Gerichten aufgedeckten Bosheit, eine Ausnahme entgegen zu setzen; so hab ich auch dasjenige dadurch bekräftigen wollen, was in dem Briefe zu lesen ist, welcher jüngst auf Verordnung Seiner glücklich regierenden Päbstl. Clemens des XIII durch den hiesigen Staatssecretär an dem Nuntius tet in Spanien abgefertiget worden, um den Verleumdungen, die in jenem Königreiche wider die Gesellschaft ausgesprenget worden, einen Damm vorzuwerfen. Es heißt nämlich darinn, daß die Neuer und Freygeister diejenigen wären, die sie zu verschwärzen suchten.

Vor allem aber bitte ich Eure Excellenz, einen Augenblick über die Worte, welche sie an Beschlusse dieser von mir übersetzten Nachrichten gelesen haben, Dero Gedanken zu machen. Die Jesuiten versprechen sich von der Billichkeit der ehrlichen Welt, gegenwärtiger Handel werde ihr wenigstens in Zukunft zur Bewegung dche dienen, in dergleichen Beschuldigungen wider sie ein wenig behutsamer zu seyn. Keine Hoffnung schien bessern Grund zu haben, als diese. Allein der Erfolg zeiget augenscheinlich, daß sie viel gewesen. Weit besser hat es Bayle in seinem Wörterbuche zum Worte Loyola, in der Anmerkung unter dem Buchst. E. getroffen, wo er den Jurieu, den allerhitzigsten Wirrkopf und Schwärmer, der sich niemals darauf verleget hat, Betrachtungen zu machen und auszubreiten, als einen guten Propheten in diesem Stücke canonisiret hat. Man darf nur einen Blick auf sein Buch von der Erfüllung der Prophezeyungen werfen, allwo er seinen Protestanten durch eine neue Offenbarung von lauter Träumen den Schlüssel geben will, die Offenbarung des H. Johannes zu verstehen. Wäre sein Schwindelgeist nur ein wenig leidlicher gewesen, so würde er doch die Vorsicht gebraucht haben, den Sturz des Antichrists, das ist nach seiner Sprache, des Papstthums ein wenig später anzusetzen, da er sich hätte versichern können, daß er schon todt seyn würde: damit er nicht gezwungen würde denen ihre Unkosten zu vergüten, welche seinen Träumen Recht gegeben

ben

ben haben. Da er aber seine Erscheinungen schon im J. 1686 herausgegeben, und dabey die Vermessenheit gehabt, diesen so großen Vorfall auf das Jahr 1710 fest zu setzen: so hat er sich den Verdruß zugezogen, sich selbst von jenen verlacht zu sehen, die ihn nicht ungern
zum Propheten gemacht hätten. Bey allem dem, gleichwie die Mond-
süchtigen unter so viel Lügen, die sie reden, auch bisweilen etwas wahres mit einmischen; so ist es kein Wunder, daß sich unter so viel wi-
dersinnischen Vorsagungen dieses Erdichters auch eine wahre befindet.
Und diese ists, die Bayle in der besagten Stelle angemerket hat. Sie
ist aus einem seiner Werke, mit dem Titel: Orden der Jesuiten,
worinn unter so viel Lügen, die er selbst dafür erkannt hat, diese Wahrheit steht: es brauche nichts anders, unzählich vielen Personen glaub-
würdig zu machen, was man von den Jesuiten böses saget, als daß
man die Verbrechen, welche man ihnen aufladet, mit Dreistigkeit aus-
rufe, und mit Hartnäckigkeit wiederhole.

Der römische Notenmacher, und die Aufnahme seines Buches
bey einer großen Anzahl Personen, hat uns hievon ein gutes Beyspiel
gegeben. Dieß ist eine elende Mischung solcher Begebenheiten, die eben
so wenig gegründet sind, als die Schätze des Ambrosius Guys; und
die schon großentheils eben so überzeugend wiederleget worden sind,
als die Schelmerey jener Betrieger ans Taglicht gekommen ist. Nichts
desto weniger hat dieses freymüthige Wesen, welches der Zusammen-
stoppler so vieler Lügen angenommen, die Lehrbegierde schlecht berichte-
ter Personen hintergangen, und einem Mischmasche von Erdichtungen,
welches das Blatt nicht werth ist, einen Beyfall zugezogen, als wenn
es ein Wunderwerk der Beredsamkeit wäre. Ich will mich aber von
der Begebenheit des Ambrosius Guys nicht entfernen. Eure Excellenz
haben gesehen, wie wenig Grund eine der entsetzlichsten Verleumdungen habe, die man immer einer geistlichen Gemeinde aufbürden könnte.
Wer zu Brest oder zu Rennes, als daselbst der Handel entschieden
worden, gesagt hätte, in kurzer Zeit würden die Spieler dieser Komö-
die von neuem auf die Schaubühne treten, dem würde kein Mensch
geglaubt haben. Und doch sind sie aufgetreten, und haben nicht einmal gewartet, bis eine lange Reihe von Jahren wenigstens das Angedenken des alten Schimpfes, womit sie von ihrer rechtmäßigen Obrigkeit empfangen worden, würde verdunkelt haben. Mit allem dem
haben sie so hirnlose Leute gefunden, die darüber in die Hände geklat-
schet haben. Das vorgegebene Schlußurtheil des Hofes ist zu Paris

ge-

drucket worden : und der Zeitungschreiber von Holland, einer würdigen Senkgrube, worein dieß reine Wasser der Wahrheit fließt, um
von da aus in ganz Europa geleitet zu werden, hat es mit solcher Sicherheit ausgebreitet, daß er der Einfalt seiner Parteygenossen allen
Verdacht eines Betrugs benahm. Eure Excellenz haben selbst gesehen, was er in Rom für einen Beyfall gefunden, und wie die ganze Akademie des guten Grafen darüber triumphiret hat : wiewohl wir ihm
übrigens verzeihen müssen, wenn er den Schätzen des Ambrosius Gups
Glauben beymißt, nachdem er sich in guter Meynung ein großer Geist,
und starker Gottesgelehrter zu seyn dünkt.

Weit mehr würde mich jene andre Person, die mir Eure Excellenz andeuten, Wunder nehmen, wenn ich einer von denen reden
welche den Verstand nach der Hoheit des Ranges abmessen. Weil ich
aber weiß, daß es in allen Ständen sinnlose Köpfe giebt, so kann
ich leicht glauben, daß er das erdichtete Schlußurtheil aufgesucht, von
seinen Bundsverwandten Glückwünschungen verlanget, und die armen
Jesuiten spottweise bedauert habe, daß sie sich diesesmal nicht würden
entwinden können, die Strafe ihrer Missethaten mit vielen Millionen
Livres in baarem Gelde zu bezahlen ; Wahrhaftig, sage er, und
für so reiche Leute eine ziemlich schwere Strafe. Allein, was
wird er gesagt haben, als er das wahre Schlußurtheil des Hofes zu
sehen, welches die Nichtigkeit des falschen erkläret, und verordnet,
daß wider die Urheber eines solchen Bubenstückes rechtlich vorgegangen
werde? Ich bilde mir sehr wohl ein, er und seines gleichen Personen
werden nun über diesem Puncte eine Weile ruhig bleiben, und ein
schöners auszustudiren suchen: und wenn ihnen nichts einfällt, werden
sie sich abermal auf die große Kiste von schwarzem Holze wenden, welche von dem Ambrosius Gups nach Europa gebracht, und ihm von
den Jesuiten weggeraubet worden.

Ich habe das wahre Schlußurtheil des Hofes nicht eher von der
Post zu sehen bekommen, als da ich mit dem größten Theile dieses
Schreibens schon fertig war. Wiewohl ich von der Schandthat
der Betrieger, welche diese Fabel wieder hervorgezogen, einen großen
Begriff hatte : muß ich doch bekennen, daß ich erstaunet bin, und bey
weitem nicht so viel vermuthet hätte. Ich glaubte, das erdichte Schlußurtheil wäre nur in der Stille gedruckt, und bloß zu Vertheidigung
der Jesuiten unter die Leute verstreuet worden, ohne daß jemand aufgetreten seyn sollte, der sich in diesem Handel zum Kläger aufwürfe:
und

und nach dieser Meynung hab ich gegenwärtige Begebenheit im Anfange meines Briefes behandelt. Allein ich habe mit großer Verwunderung gesehen, daß zweene, deren Namen in dem Urtheile stehen, sich für Uebernehmer der Güter des Ambrosius Guys ausgegeben haben: fürwahr zween ganze Narren, wenn sie diese Abtretung in guter Absicht gemacht, und den Jesuiten zu Paris mit den gewöhnlichen Förmlichkeiten haben andeuten lassen, sie sollten sich in Bereitschaft setzen, acht Millionen Livres zu bezahlen. Acht Millionen! Im J. 1718 waren es drey oder viere: wenn sich die Schuld in vier Jahren verdoppelt hat, erbarmen mich die armen Jesuiten, welchen man über hundert Jahren die Schätze des Ambrosius Guys von neuem absodern wird. Ihr ganzes Vermögen wird nicht hinreichen, dieselben zu ersetzen.

Ich war nicht gesonnen, Eurer Excellenz dieses Schlußurtheil zu überschicken: denn da ich es schon sogar in den kölnischen Zeitungblättern gesehen habe, wird es bald so gemein werden, als immer etwas. Dessen ungeachtet will ich es auf allen Fall am Ende dieses Schreibens beydrücken. Wer also die Vernunft wohl gebrauchen will, der muß ein Zweifler werden, so oft er von den Unthaten der Jesuiten reden höret: Alle Regeln der Critik sollen uns nicht genug sicher stellen. Was giebt es wohl irgend für eine historische Vorfallenheit, die mehr Kennzeichen der Wahrheit an sich habe, als diese von dem Diebstahle der Jesuiten zu Brest im J. 1718 hatte? Eine obrigkeitliche Person von so großem Ansehen, als ein königlicher Generalprocurator in einem Parlamente Frankreichs ist, giebt die Triebfeder des Processes ab, der ihnen angehenkt werden soll. Er stellet die Sache vor, als wenn sie ihm durch unverdächtige Wege zugekommen wäre: er nennet sie einen ernstlichen, wichtigen, der äußersten Aufmerksamkeit, und der fleißigsten Untersuchung würdigen Handel. Er behauptet, die That sey bekannt, und ganz Brest habe sich über den Anblick derselben entsetzt. Er bringet Umstände bey, deren Falschheit ohne Mühe wäre zu greifen gewesen: als da sind die im Angesichte des Volkes feyerlich gehaltene Begräbniß des Todten, und die von dem Pfarrer geschehene Vorsorge, um den Leichnam den Mördern zu entreißen. Wer hätte sich immer beyfallen lassen, daß sich eine Obrigkeit von diesem Range, ohne wohl versichert zu seyn, einer feyerlichen Unwahrheit aussetzen würde, die ihm viel schaden könnte? Dieß sind Regeln der strengesten Urtheilskunst, wo man lichten Geschichtschreiber prüfen will: aber, wie Eure Excellenz sehen, sind diese Regeln in unserm Falle nicht hinlänglich gewesen;

weſen: ja ich ſcheue mich nicht zu ſagen, daß ſie auch zur Zeit, da die
Begebenheit unter die Leute gekommen, ein jeder unſchuldig haben ſin-
den ſollen, der die Sitten der Welt ein wenig gekannt, und die Vernunft zu Rathe gezogen hätte. Tauſend andere Dinge von eben der
Art ſind zu unterſchiedlichen Zeiten wider die Jeſuiten verbreitet worden: und alle hat man eben ſo falſch gefunden, ſobald man ſie auf die
Probe geleget hat. Und es iſt nur allzu bekannt, daß ſie ſeit dem Anbeginne ihres Ordens her allzeit eine Partey wider ſich gehabt haben,
welche theils aus offenbaren Ketzern, theils aus zahmloſen Freygeiſtern,
theils aus Gegnern voll Neid und Wuth beſtanden iſt. Dieſe haben
keine Scheue gehabt, ſich zu derſelben Beſchimpfung der abge-
ſchmackteſten Verleumbungen zu bedienen: ohne ſich wegen der Schande zu bekümmern, die bey klugen Leuten auf ſie zurückfließen mußte, wenn
ſie nur die ſchwarze Galle, wovon ſie geplagt wurden, ableiten konnten: gleich jenen Hunden, welche in den Stein beißen, vermeinend ihn
verletzet zu ſeyn glauben, wiewohl ſie die Zähne darüber zurücklaſſen.

Wie aber? Haben alſo die Jeſuiten das Recht, zu fodern,
man denen, welche von ihnen übel reden, nichts glaube? Ich behaupte
nicht ſo viel. Man kann glauben: aber eben ſo viel die Beſeſſenen
Beſeſſnen glauben. Und dieſes hauptſächlich alsdann, wo man ſie
und mehr dann gemeine Laſter angeſonnen werden. Die freuen
dürcker, die keine Geiſter glauben, haben kein Beſchwerniß, auch
die Möglichkeit der Beſeſſnen zu läugnen. Ein gleiches thäte jener,
alle Jeſuiten unfehlbar machen wollte. Hingegen wäre es ebenfalls ein
Irrthum, wenn man allemal gleich mit den Beſchwörungen aufgezogen
käme, weil es bisweilen einen beſeßnen giebt: ſintemal man wohl
tauſend verſtellte, als einen wahrhaftig vom Teufel geplagten finden wird.
Eben ſo verhält es ſich in unſerm Falle. Unter ſo viel Stücken, ſo
den Jeſuiten beſtändig fort aufgelegt werden, wird man ſchwerlich eins
antreffen, das nicht eben ſo fabelhaft ſey, als die Begebenheit des Ambroſius Guys: und keins geht über eine ganze Gemeinde der Seinen
los, das nicht in die nämliche Claſſe gehöre. Welche müßten wir
thörichten glauben, die mit den Kirchenzeitungen der Janſeniſten und
mit den helländiſchen herumfliegen, alle, die in Arnalds praktiſcher Sittenlehre der Jeſuiten, in dem Scioppius, in der jeſuitiſchen Schaubühne, in der großen, und in der zweyten Trompete und hundert
andern Büchern von dieſem Schrote ſtehen; wenn ſie alle dieſe Dinge
ſo plump hin glauben; ſo verdienen ſie es, daß man ihre Dummheit
mit

mit Siegel und Briefe bewähre.   Will der Notenmacher unter diese
Zunft kommen, so ists eine Schuldigkeit, daß man ihn darüber zum
Vorsteher mache.   Wer sich nun aus Neid oder Herzhaftigkeit anstellet,
als ob er sie glaubete, wiewohl er sie in der That nicht glaubet: dem
wollen wir die Rache schenken.   Denn die Leidenschaft, welche ihn mar-
tert, strafet ihn schon selber.   Wer aber nach der Vernunft handeln
will, wird viele Versicherungen und Gewißheiten fodern, ehe er ein
Stück glaubet.   Wenn er alle laugnet, wird er hundert treffen, bis er
eins verfehlt: glaubt er alle, so wird er sich in hundert Lügen stürzen,
bis er eine Wahrheit erhaschet.   Vor allem ersuche ich die Welt, von
Personen, welche verleumdet zu werden so sehr gewohnet sind, nichts zu
glauben, bevor man sie angehört, und ihnen völlige Freyheit gegeben
hat, sich zu vertheidigen.   Ich rede nicht von denen Beschuldigungen,
welche ohne einzige Bewährung zum Vorscheine kommen, und das
Wahrzeichen der Lügen auf der Stirne tragen, daß es ihnen ein Blin-
der ansehen kann: denn dieß hieße so viel, als jedem Hunde, der uns
anbellt, Antwort geben.   Nein: von denen rede ich, welche eines Theils
mit aller nöthigen Glaubwürdigkeit unterstützet sind, wie im J. 1718
der Handel des Ambrosius Guys gewesen ist; anderntheils durch ihre
Abscheulichkeit die gemeine Bosheit der Menschen übertreffen, und an
Ordensleuten ganz außerordentlich sind.   Auch diese, sage ich, darf ein
vernünftiger Mensch nicht glauben, bis er entweder ihr Geständniß
vernommen, oder die Unzulänglichkeit ihrer Rechtfertigungen eingesehen
hat.   Wird ihnen aber die völlige Freyheit sich zu vertheidigen abge-
sprochen: so mag man sie ohne Furcht zu irren unter die Fabeln rechnen.
Mehr hab ich für dießmal nicht zu erinnern.   Die Unpartiplichkeit und
Einsicht Eurer Excellenz versichern mich, Sie werden keine Schwierigkeit haben, diese Grundregeln der Critik, die ich Ihnen an die Hand
gebe, gut zu heißen.   Es bleibt noch übrig, daß sich Eure Excellenz
derselben in Prüfung der Verleumdungen bedienen wollen, wovon die
letzhin wider die Jesuiten durch Europa verbreiteten Bücher voll stecken.   Was hierüber die Gesinnung der Höfe sey, ist nunmehr bekannt
genug, und man könnte viel Dinge beobachten, wodurch dieselben zu
nichte werden.   Wem aber dieses nicht klecken soll, der halte sein Urtheil eine Zeit lang an.   Es werden nicht hundert Jahre verstreichen,
wie sich der Notenmacher einbildet, so wird alles im Klaren seyn.   Die
übrigen, wie ich gesagt habe, sind sehr alte, und tausendmal wieder-
legte Fabeln.   Diese glaube ich nicht, daß Eure Excellenz annehmen

werden, ohne ſich vorher von den längſt angeführten Rechtfertigungen der Verklagten Berichts zu erholen. Hiedurch werden Sie ſowohl auch des Eckels überheben, ſelbe beyzubringen, als die Vermeſſenheit und den Unverſtand derer bewundern, welche ihnen eben ſo viel Beyfall geben, als den Uebernehmern der Habſchaften des Ambroſius Guys.

Arret du Conſeil d'Etat du Roi, du 30 Marz 1759. Extrait des Regiſtres du Conſeil d'Etat. (I)

..Le Roi étant informé, qu'il ſe répand dans le Public un Ecrit imprimé, ayant pour titre: *Arret du Conſeil d'Etat du Roi, qui condamne tous les Jeſuites du Royaume ſolidairement, à rendre aux heritiers d'Ambroiſe Guys les effets en nature de ſucceſſion, ou à leur payer par forme de reſtitution la ſomme de huit millions de livres*; le dit Arret en date du 11 Fevrier 1736, & quoiqu' à la ſeule lecture de ce prétendu Arret il ne ſoit pas permis de douter par la torme, en laquelle il eſt condu, & par les depoſitions, qu'il contient, que cet Arret ne ſoit ſuppoſé, comme il eſt en effet: cependant les nommés Jean Humbelot Jngenieur & ci-devant commis aux fermes de ſa Majeſté au département de Langres, & François Robineau de la Foſſe, ſe diſant ceſſionnaires des droits des heritiers dudit Ambroiſe Guys, ont fait le 3 du préſent mois ſignifier le dit prétendu Arret, comme collationé par l'un des ſécrétaires de Sa Majeſté, aux Jeſuites de la Maiſon Profeſſe à Paris. Sa Majeſté a eſtimé ne devoir pas laiſſer ſubſiſter la ſignification, qui a été faite d'un Arret, qui n'a jamais été rendu; & qu'il eſt de ſa juſtice de faire punir ſeverement ceux, qui ſeront convaincus d'avoir eu part à la fabrication dudit prétendu Arret, & de l'avoir imprimé, vendu, débité, ou autrement diſtribué dans le Public. A quoi voulant pourvoir, Sa Majeſté étant ex ſon Conſeil a declaré, & déclare nulle la ſignification dudit prétendu Arret, faite le 3 du préſent mois, & toutes autres ſignifications, qui en auroient été ci-devant faites, ou qui en ſeroient faites à l'avenir. Fait défenſes aux dits Humbelot & Robineau de la Foſſe, de ſe ſervir de la ſignification faite dudit prétendu Arret le 3 du préſent mois, & de faire aucunes procé-

dures

(I) Man hat dies Schlußurtheil im LI Artikel überſetzet geſehen.

dares fur icelles à peine de nullité & de trois mille livres d'a-
mende.   Fait défenses sous les mêmes peines à tous huissiers &
sergens de faire aucune signification dudit pretendu Arrêt.   En-
joint à son Procureur géneral aux Requêtes de son Hôtel, de ve-
nir la main à l'execution du présent Arrêt.   Ordonne, qu'a la
Requête de son dit Procureur géneral, & au rapport du Sieur Ta-
boureau, Maitre des Requêtes ordinaire de son Hôtel, le procès
fera instruit, fait & parfait; & jugé en dernier ressort aux dites
Requêtes de son Hôtel, à ceux, qui ont eu part à la fabrication
dudit prétendu Arrêt, leurs complices, adhérans, fauteurs &
participes, & à ceux, qui ont imprimé, colporté, vendu, débité, ou autrement distribué le dit prétendu Arret.   Et fera le pre-
fent Arrêt imprimé, lû, publié & affiché par-tout, où il appar-
tiendra.   Fait au conseil d'Etat du Roi, Sa Majesté y étant, tenu
à Versailles le trente Mars mil sept cent cinquanteneuf.   Signé
Phelypeaux.

A Paris.   De l'imprimerie Royale 1759.

Beschluß des Werkes.

Drey Erinnerungen find hier noch beyzufügen, welche hieher so eigenthümlich und nothwendig find, daß ich sie ohne
großen Mangel nicht auslassen könnte.   Die erste betrift den
Verfasser dieses Werkes; die zweyte die Gegner; die dritte die
Jesuiten, die so vielen Jedern zum Gegenstande dienen.

I. Was den Verfasser dieser Schutzschrift belanget, hat er sich
den Endzweck vorgesteckt, viele Leute, die alles blindhin glauben, was
sie lesen, zu warnen, daß sie ein wenig besser auf ihrer Hut stehen, und
sich nicht ohne Bedacht so viel und grobe Fabeln einschwatzen lassen, welche die berufenen Notenverfasser, die sich durch ihre Spottgedichte als
offenbare Feinde der Gesellschaft JEsu erklärt haben, um einen leichten
Preis verkaufen.   Sie sollen ja auch von ehrlichen und gottesfürchti-
gen Männern, oder wenigst von unparteyischen Gelehrten das Beyspiel
nehmen.   Jene haben Verstand und Herz nimmermehr mit dergleichen
Schandwerken beflecket; weil sie gleich sahen, daß sie mit nichts dann
Beschimpfungen und Schmähworten angefüllet sind.   Diese haben sie
nie anders als mit Widerwillen gelesen, weil sie darinn Sachen fanden, welche bald aus nichtswürdigen Schriften zusammen geflicket, bald

P 2

aus übel geneigten, oder verstümmelten und mangelhaften Schriftstellern entlehnet, bald endlich ohne alle Beurtheilung zusammen gehäufet waren. So sollen sie sich entweder ein Gewissen machen, diese kohlschwarzen Satyren in den Händen zu haben; oder doch aufs wenigste aufhören, sie als edle Werke weiter auszubreiten.

II. Es ist wahr: der Verfasser maßet sich des Vorzuges nicht an, daß er in Erzählung der Historien gar niemals gefehlt haben soll. Unter dem großen Haufen der unterschiedlichsten und ohne Ordnung auf einander gebauten Begebenheiten, ist es der menschlichen Schwachheit allzu bald geschehen, da man dieselben alle hin und wieder wendet, erläutert, und in ihr Licht setzet, daß einige Umstände den Augen entwischen, und von dem Verstande nicht wahrgenommen werden. Doch weil auf einer Seite die Aufrichtigkeit seiner Meynung, worinn er geschrieben hat; auf der andern aber die Vortrefflichkeit der Urkunden für ihn stehen; welche, wie jedermann gesehen hat, wer dieß Werk, ehe es in die Presse gekommen, durchblättert hatte, von den reinsten und unparteylichsten Grundquellen geschöpfet sind: so versichert er auf das Wort eines ehrlichen Mannes, daß entweder nichts als Druckfehler, oder doch nur wenig andere und wider Willen eingeschlichen sind. Sollen ihm nun die Widersacher selbst einige aufweisen, so wird er auch ihnen viel Dank wissen. Und dieß ist, saget der Cardinal Pallavicini (a), der größte Dienst, den sie uns leisten, daß sie uns Anlaß geben, die vorher unbekannte Wahrheit zu erkennen, und den Verstand von den angenommenen Betrügen zu reinigen.

III. Betreffend die Gegner hab ich dieses zu erinnern. Wer seine Begierde zu streiten lieber die Sprache öffentlicher Plätze und Schenken, als ehrlicher und wohlgesitteter Leute reden läßt; der wisse, daß sich der Verfasser ein Gewissen macht, dergleichen Gewäsch nur zu lesen, und eine Schande, es zu widerlegen. Er ist nicht einmal Willens demjenigen eine Antwort zu geben, der irgend einen besondern Punct dieser Schutzschrift anficht wird. „Nein: wir sind nicht verbunden, sa„get der erst genannte Cardinal (b), uns in diese ruhmlosen Schlä„gereyen einzulassen, so lange man mit keinem rechten Kriegsheere auf„gezogen kömmt, und unser Buch so wiederleget, wie wir des Gegners „seines wiederlegen. Denn die Erfahrung zeiget, daß dergleichen kleine „Antworten nur einen Tag leben, und mehr taugen, durch ihre
Feind-

(a) Gesch. des Kirchenr. zu Trient, in dem Br. —
(b) In der nämlichen Stelle.

„ Feindseligkeit die Welt zu ärgern, als sie durch Vernunftschlüsse
„ zu belehren. "

IV. Endlich was die Jesuiten angeht, müssen sie sich weder solcher
Schriften halber, welche täglich verstohlner Weise gedrucket werden,
noch wegen der Mährlein, welche durch ihre Miszgönner beständig aus
der Erde hervorschliefen, beunruhigen; sondern vielmehr froh seyn, und
GOtt dafür Dank sagen. Bestärken sie sich nur immer durch ihr re-
gelmäßiges Leben, und durch die Arbeiten ihrer apostolischen Dienste:
dieß sind zwo Grundsäulen, worauf die Gesellschaft kein Stoß von Unbilden und Lästerungen erschüttern kann. Jene mitleidigen Klagen, sagte
Bartoli (c) vor mehr als hundert Jahren, die einige über euer Schicksal ausgießen, ihr lieben Väter, da sie euch in so viel Trübsalen erblicken, rühren zwar von einer sanftmüthigen, jedoch irrenden Menschen-
liebe her. Auch der ehrliche Jakob weinet über den zerrissenen Rock
seines Josephs: weil er glaubte, die Risse des Kleides gäben ihm die
Wunden des Leibes zu verstehen. Und in Wahrheit, was euch immer
für Anstöße der Verfolgungen, und Nachtheile von außenher überfal-
len mögen, werden sie nichts als das äußerliche Kleid verletzen; und dieses vielleicht, damit ihr dadurch mehr Beystand und Gunst von GOtt,
auch noch auf dieser Welt, verdienen möget. Erinnert euch dessen,
was P. Hieronymus Natalis (d) von diesem Puncte schreibt: ein
Mann von großer Heiligkeit, Gelehrtheit und Erfahrung in den Dingen eures Ordens, und welcher so gar desselben Commissar und Unter-
general gewesen ist, und, wie ihr wisset, bey den HH. Ignatius und
Borgia sehr viel gegolten hat. „ Ich habe, spricht er, von dem er-
„ sten Aufkommen der Gesellschaft an beobachtet, daß sie GOtt, wenn
„ er sie erhöhen, und einer neuen Gnade würdig machen wollte, alle-
„ zeit vorher erniedriget, und in die Stürme einer grimmigen Ver-
„ folgung geworfen hat. "

V. In der That haben die Ordensstände ihren Untergang lediglich von dem Verfalle ihrer Klosterzucht, und von der Erkaltung des
innerlichen Geistes zu besorgen. So lang also die von ihren Heil. Stif-
tern gegebenen Gesäze darinn blühen, und der Geist christlicher Tugenden lebet: werden ihnen die Verfolgungen der Ungläubigen Blutzeugen
geben: die Misgunst der Kezer wird unter ihnen die Heiligkeit und die
Gelehrtsamkeit befördern: die Abneigung der Catholischen wird machen,

P 3　　　　　　daß

(c) Leben des H. Ignatii II B. N. 18, 292 Bl. der röm. Ausf. von 1650.
(d) In seinen Gedenkschriften, die zu Rom im Archive JEsu liegen.

daß sie sich mehr von der Welt losreißen, und mit GOtt ver-------
Bloß von innenher kann das entstehen, was da schaden kann. Nichts
als die Ermanglung der Zucht in ihrem Innern, und der bßderlichen
Liebe und Eintracht unter den Gliedern des Körpers, können ------ --
Stoß geben: gleichwie die Schiffleute, saget Gregorius von ------,
da von außen Ungewitter stürmen, in dem Schiffe selbst ein ---- --
fährlichers verursachen, wenn sie nicht einig sind. ----------
tadelfreyes Betragen, und ein unschuldiger Wandel die ----------
stützet: da hat man weder Stürme, noch Wetter ------- -- -----
Mit so edlen Gesinnungen munterte Bartoli die Stan-----------
Gesellschaft auf, daß sie in dem fürchterlichen Anlaufe der --------
Verfolgungen fest halten möchte.

VI. Daher kömmt es, daß die Urheber der Orden, ------ ---
GOtt erleuchtet waren, die Sachen nicht nach dem äußerlichen Sch---,
und nach den Begriffen der Menschen, sondern nach ihrem --------
Werthe, und wie sie in den Augen GOttes stehen, zu schätzen, daß
diese allezeit das Wohlergehen und die Ruhe als gewisse Zeichen des
Verfalles und der Lauigkeit ihrer Häuser gefürchtet haben. „Ich ha-
„ be seit einiger Zeit her betrachtet ‟, saget jener erschreckliche Hammer
der Jansenisten, der H. Vincentius von Paulo, zu seinen tröstlichen
Lehrjüngern (c), „ daß die Sachen der Congregation glücklich gingen,
„ und daß alles gut ausschlug; oder besser zu reden, daß sie GOtt auf
„ alle Arten segnete, ohne jemals eine Widerwärtigkeit oder einen Ver-
„ druß über sie zu schicken. Diese Windstille setzte mich in große Furcht:
„ weil ich wußte, daß GOtt seine Diener zu prüfen, und die, die er lie-
„ bet, zu züchtigen pflegt : quem enim diligit Dominus, casti----
„ Doch gebenedeyt sey der göttliche Wille, daß er sich gewürdiget hat,
„ uns mit einem sehr empfindlichen Schaden heimzusuchen. --- --- ---
„ uns frohlocken, daß er uns würdig achtet zu leiden. Man nimmt
„ die bittersten Arzneyen, die Gesundheit wieder herzustellen, oder zu
„ erhalten. Lasset uns die Mühseligkeiten, so sehr sie der Natur wi-
„ derstehen, mit Willen annehmen, als kräftige Mittel, deren sich
„ GOtt bedienet, eine Seele, oder eine ganze Verbrüderung zu rei-
„ nigen, oder auch selbe zur gehörigen Vollkommenheit zu führen. ‟
In einem andern gleichen Umstande ermahnet er seine eifervollen Söhne,
sich der Verfolgungen, womit sie von anderer Mißgunst gedrücket werden, zu gebrauchen. „ Die Verleumdungen, die Verfolgungen, sprich

(c) Abelli Leben des H. Vinc. von Paulo, II B. 20 H.

„ er unter andern Sachen, sind sonderbare Gnaden, die der HErr
„ seinen getreuen Dienern angedeihen läßt. Sie sind die Werkzeuge,
„ deren sich die göttliche Weisheit bedienet, die Seelen immer mehr zu
„ heiligen, und von allem dem abzuziehen, was ihrer vollkommenen
„ Vereinigung mit GOtt im Wege steht. O wenn wir diese Trüb-
„ salen mit christlichen Augen betrachten wollten; wenn unser Geist von
„ gewissen Nebeln weltlicher Grundsätze befreyet wäre, die sich den
„ Stralen des Glaubens entgegen setzen, und sie nicht auf den Grund
„ der Seele dringen lassen! Wie glücklich würden wir uns schätzen,
„ daß wir verleumdet, und nicht nur für müßige und unnütze, son-
„ dern wohl gar für schädliche und lasterhafte Leute gehalten werden!
„ Ist es etwa nicht ein großes Glück, der Tugend halber verfolget zu
„ seyn: da Christus selber gesagt hat: Selig sind, die um der Ge-
„ rechtigkeit Willen Verfolgung leiden? Muß mans im Gegentheile
„ für Verbrüderungen, für ganze Häuser, für einzelne Personen nicht
„ als ein großes Unglück ansehen, wenn sie ganz ruhig hinleben, alles
„ nach ihrem Wunsche haben, und nichts aus Liebe GOttes leiden?
„ Ja, meine Herzen, glaubet nur sicher, daß eine Gemeinde, wel-
„ che nicht leidet, und welcher die ganze Welt Glück zurufet,
„ ihrem Sturze ganz nahe ist: und wisset, daß eine der größten
„ Strafen, welche GOtt über unsre geringe Congregation verhängen
„ kann, diese wäre, wenn er sie mit Drangsalen und Widerwärtigkei-
„ ten nicht heimsuchete. “ Billig heißt also euer Orden, ihr Väter,
selig und glückselig. Denn ist es für eine Gesellschaft von Männern,
die ihrer Satzung nach apostolisch leben müssen, ein Vorboth des be-
vorstehenden Unterganges, wenn man sie mit stiller Ruhe, und irdischen
Glückwünschungen überhäufet sieht: wie weit erblicket man euern Orden von diesen Klippen entfernet, da ihn GOtt noch heutiges Tages mit
den empfindlichsten Plagen heimsucht? „ Der Wein bleibt nicht gut,
„ außer auf seinen Hefen, sagte die seligste Jungfrau zu der H. Bir-
„ gitta (k): und rechtschaffene und gottesfürchtige Leute können sich in
„ der Tugend nicht erhalten, noch darinn zunehmen, wo sie nicht in
„ den Schmelztiegel der Widerwärtigkeiten und Verfolgungen der
„ Boshaften geleget werden. “
  VII. Ehe ich aber die Segel zusammen ziehe, will ich hier sagen,
was in Ansehung dieses Punctes sehr heilige Personen von euch gesprochen und geschrieben haben. Der gottselige Simon Gomez, der beynahe

(k) Offenb. I B. 22 K.

nahe vor zweyen Jahrhunderten (l) zu Lisabon im Ruhme der Heiligkeit, und mit der Gabe der Proph;pung gestorben ist, hat euch Sachen vorgesagt, die euch große Stärkung verschaffen können. Es schein,
dieser gepriesene Diener GOttes habe auf eure gegenwärtige Begeben-
ten einen prophetischen Blick geworfen; und daß nun alles wahrgenom-
ben sey, was er von euch geweissaget hat. Er hat noch überstandenen
Trübsalen auf künftige Zeiten angekündet, und euch anbefohlen, daraus
diesen Nutzen zu schöpfen, daß ihr euern Pflichten gemäß in dem Eifer
für die Ehre GOttes, und für das Heil der Seelen immer beharren werdet. Jetzt ist die Zeit der Trübsal für euch ohne Zweifel vorhanden;
jetzt müsset ihr euch mit GOtt stärker verknüpfen, und für das Heil
des Nebenmenschen mehr arbeiten, als jemals zuvor. Ihr findet hievon sehr hellschimmernde Versicherungen in seinem Leben, welches Diego in portugiesischer Sprache beschrieben, und im J. 1615 zu Madrid
in Druck gegeben hat (m). Weil ihr sie aber aus Klugheit nicht euch
kommen lasset, so werd ich auch die Vorsagung hier nicht anführen.

VIII. Sey dem, wie ihm wolle: gewisses Erbtheil hat der Heil.
Ertzvater Ignatius seinem Orden, so lang er in der Welt seyn wird,
seines hinterlassen, als Kreuz und Leiden. Eines Tages fand Provst
„ Ribadeneira den Heil. Vater Ignatius nach dem Morgengebethe von
„ einer ganz himmlischen Fröhlichkeit entzücket: und nachdem er ihn oft
„ um die Ursache so großer Freude befragt hatte, erhielt er endlich die-
„ ses zur Antwort: Wisse, daß mir unser HErr JEsus Christus
„ unter dem Gebethe erschienen ist, und mir dasjenige versichert
„ und versprochen hat, um was ich ihn so oft inständig gebe-
„ then hatte: daß nämlich der Gesellschaft das kostbare Erb-
„ theil seines Leidens unter den Verfolgungen und Widerwär-
„ tigkeiten, die sie bis an ihr End haben wird, niemals abge-
„ ben soll. “ Darum sagte jener Heil. Mann P. Barzes, der ge-
liebte Schüler des Heil. Franciscus Xaverius, und herzliche Begung
für den Glauben: die Gesellschaft sey in das Kreuz gepfropfet wor-
ben: und wer in derselben Christo, und zwar dem gekreuzigten
Christo nicht nachfolget, der sey verflucht. So viel ist bey dem
P. Anton Natalis de cœlesti conversatione zu lesen, welcher jüngst
zu Neapel neu aufgelegt worden. (n)

　　　　　　　　　　　　　　　　　　　　　IX. Wer-

(l) Im J. 1574, den 18 Weinm.
(m) Am.aa Bl.
(n) P. Natalis I Th. R. 509.

IX. Werden aber die Müheseligkeiten und Kreuze der Gesellschaft nimmermehr nachlaßen: so ist es eben so richtig, daß sie auch mit der Hülfe GOttes, wenigst die wesentlichen Stücke betreffend, in dem Geb sie verharren wird, welcher ihr einstens eingegossen worden. Vernehmet auch dieses, meine Väter, von dem Munde euers Heil. Stifters. Ignatius sah sein kleines Volk schon wirklich vermehret, in mehr dann zwölf Provinzen verbreitet, und in denselben mehr als hundert Wohnungen angelegt. Er sah es voll großer Männer an Heiligkeit und Wissenschaften. Einige derselben sah er als Apostel in Indien arbeiten, andere daselbst mit ihrem Blute den Glauben bestätigen, andere mit Frucht in den Heil. Kirchenversammlungen reden, andere von den Predigstühlen und Kanzeln den Irrthümern selbiger Zeiten Einhalt thun, und alle mit Eifer die Ehre GOttes befördern. Nichtsdestoweniger verstand er gar wohl, daß dieß noch nicht die besten Zeiten seines Ordens wären. Denn als er einst unter dem Papst Julius auf den Tod krank lag, und von den Seinigen mit Thränen gebethen wurde, bey GOtt anzuhalten, daß er ihm das Leben etliche Jahre fristen möchte, um die noch in der Wiege liegende Gesellschaft besser zu befestigen: gab er von einem höhern Lichte geleitet zur Antwort: Ich vertraue auf GOtt, daß die ersten gut seyn: die zweyten werden besser werden: hierauf werden die dritten folgen, und die Ordenssatzungen besser beobachten, als die vorigen. Dieß sind die eigentlichen Worte des Heil. Ignatius, welche von euerm Olivier Manareo, einem höchstberühmten Manne sowohl in Ansehung der höchsten Aemter, die er zu selbigen Zeiten bekleidet hat, als wegen des Glanzes seiner Heiligkeit, die Bischof Wilhelm von Antwerpen feyerlich bestätiget hat, in eine gewisse Nachricht eingetragen, und von Löwen nach Rom an den ehrwürdigen P. Niklaus Lancizius gesandt worden. (o)

X. Diese prophetischen Aussprüche euers Stifters enthalten für euch viel trostreiches: aber nicht weniger verspricht euch jene in der ganzen Welt gepriesene Jungfrau, die H. Theresia, welche von dem Hause Sanchez war, und hernach von JEsu genannt wurde. In einer gehabten Offenbarung sah sie den Fortgang, den euer Orden in Ausbreitung der göttlichen Ehre künftig machen würde; und ward inne, mit welcher Starkmuth er den Glauben Christi bis auf die letzten Zeiten unterstützen und vertheidigen würde. Dieß alles zeigte ihr GOtt, da sie mit großer Versammlung, wie sie schreibt, Süßigkeit und Ruhe, ringsum

Q

_____

(o) S. den VII Band der Bollandisten, vom Heum. 579 Bl. N. 884.

um von Engeln umgeben, und ganz nabe bey GOtt, daselben für seine Kirche anflehte. Alsdann hörte sie von Christo diese unschätzbaren Worte: Wenn du wüßtest, was diese mit der Zeit der Kirche in ihren Nöthen und Gefahren für Dienste leisten werden! (p) So viel hatte ihr Beichtvater von ihrem eignen Munde. Zudem steht in ihren Handschriften der Namen der Gesellschaft ausdrücklich, wie P. Franz von St. Maria, allgemeiner Geschichtschreiber des Ordens der Carmeliten Barfüßer, hievon Zeugniß giebt. (q) Ich schließe dann mit den Worten der Heil. Mutter, die ich deßwegen in unserer Muttersprache vortrage, wie sie in der spanischen Reform sind, die schon König Philipp II nebst andern ihren Werken in die königliche Bibliothek bey St. Lorenz im Escurial zu Madrid legen lassen. Sie saget also in dem XXXVIII Hauptstücke, welches in dem gedruckten Leben das XXXIV ist. „ Von denen, die aus dem Orden dieses Paters, (sie redet vom P. Caspar Salazar, Rector des Collegii, einem sehr heiligen Manne) „ das ist, aus der Gesellschaft „ JEsu sind, und von dem ganzen Orden insgesammt hab ich große „ Dinge gesehen. Ich sah sie öfters in dem Himmel mit weißen Fah„ nen in der Hand: und, wie ich sage, viel andre wunderbare Dinge „ hab ich von ihnen erblicket. Daher hab ich diesen Orden in großen „ Ehren: denn ich bin viel mit ihnen umgegangen, und find ihr Leben „ demjenigen gleichförmig, welches mir der HErr von ihnen hat „ gethan hat. “

Und im XXXV Hauptst. des gedruckten Lebens schreibt die Heilige folgendes (r); „ Ich war in der Kirche eines Collegii der Gesellschaft „ JEsu: da sah ich, als die Brüder dieses Hauses das H. Abendmahl „ empfiengen, einen überaus reichen Baldachin über ihren Häuptern. „ Dieses hab ich zweymal gesehen; als aber andre Personen hinzugien„ gen, sah ich ihn nicht mehr. “ Daher kam es, daß diese große Jungfrau voll des himmlischen Lichtes, wodurch sie die falschen Gesichte von den wahren zu unterscheiden wußte, in allen ihren Werken von dieser Gesellschaft sehr hohe Lobeserhebungen schreibt. Insbesondere äußert sie sich da, wo sie von ihrem neuen Gewissensrathe, einem Priester

curtis

(p) In ihrem gedruckten Leben, am XXXVI Hst. 143 Bl. der baglionischen Aufl. von 1739.
(q) Leben des H. Janatii II B. N. 47, 298 S. Man lese den Bericht, welcher in der bagl. Aufl. auf 12 Blättern zu finden ist.
(r) Auf der 141 S.

ſeres Ordens, redet, in dieſen euch ſo rühmlichen Geſinnungen aus (s):
„ Ich gab mir imgleichen Mühe, daß die im Hauſe mich mit ſo heili-
„ gen Leuten, als die Geiſtlichen der Geſellſchaft JEſu ſind, umgehen
„ ſahen: weil ich wegen meiner Bosheit beſorgt war, und dafür hielt,
„ ich wäre ſchuldig, anders zu leben, und mich meiner Zeitvertreibe
„ und Unterhaltungen zu entſchlagen. . . . Ich faßte den Entſchluß,
„ von ſeinen Befehlen nicht haarbreit abzuweichen: und ſo hab ich es
„ bis daher gemacht.   Gelobt ſey der HErr, daß er mir die Gnade
„ verliehen hat, meinen Beichtvätern zu gehorchen, welche allzeit von
„ dieſen geprieſenen Männern der Geſellſchaft JEſu geweſen ſind (t).
„ Ich habe mich, wiewohl unvollkommen befliſſen, was ſie mir ſagten,
„ pünctlich ins Werk zu ſetzen. “ Auf dieſe Art beſprenget die Heilige
ihre himmliſchen Bücher allenthalben mit den Lobſprüchen euerer Geſellſchaft; um ſowohl euern Feinden eine Wiederlegung alles deſſen, was
ſie ſeither ſonderbar in Paris euch zu verkleinern ausgeſtreuet haben, als
euch einen überreichen Schnitt von Troſt und Stärkung zu hinter-
laſſen.

XI. Und in Wahrheit können ſich die Jeſuiten in gegenwärtigen
ſehr bittern Umſtänden mit Rechte tröſten, wenn ſie betrachten, daß der
Geiſt der römiſch-catholiſchen Kirche, damit ich mich der viel bedeu-
tenden Ausdrücke Papſte Clemens des XIII (u) bediene, und die ganze Kirchenherrſchaft, (von Fürſten, Königen, Kaiſern hier nichts zu
ſagen) ihnen dieſe zwo Jahrhunderte, ſeit dem ihr Orden blühet, beſtändig fort unlaugbare Pfänder der Hochachtung und Gunſt gegeben
hat. Wie hoch der Schutz der römiſchen Kirchenhäupter von Paulo III
bis auf den jetztregirenden für ſie geſtiegen ſey; und wie ſehr die ge-
ſammte Kirche GOttes, da ſie zu Trient verſammlet war, ſich beſtre-
bet habe, ſie mit auſſerordentlichen Günſten anzuſehn: das weiß jedermann, und wir haben in dieſem Werke die Proben davon nach der Länge beygebracht. Ja zur Zeit, da Paſquier, Arnald, Harlay, Thuan
mit ihren Bundsverwandten über ihre Verweiſung aus Frankreich
Triumph ſangen, verſammleten ſich die eifrigſten Biſchöfe Spaniens zu

Q 2   Tar-

(s) XXIII Hſt. 27 S.
(t) Deß hochwürdigſte Herr Diego von Yepes Biſchof von Tarazona zählet die-
ſelben in der Vorrede zum Leben der H. Thereſia: Der H Borgia, der gottſ.
P. Albarez, P. Salazar, P. Gonzalez, P. Perez, P. Araoz, der gottſ. P.
Guttierez, P. Ripalda, P. Aquila, P. Roderich Alvarez, P. Squidaber,
P. Henriquez, P. Ribera.
(u) An den Bothſchafter in Spanien.

Tarragona (v), und schrieben im Namen aller an Papst Clemens VIII
Briefe, die ihnen nicht wenig Ehre brachten. Unter andern behaupteten diese Väter: „ Ignatius hätte das väterliche Haus verlaffen, da-
„ mit er ein andrer Abraham, und ein Vater vieler Heiligen würde;
„ und damit die Völker in seiner Nachkommenschaft gesegnet würden.“
Papst Clemens hat in seinem Breve an den Monarchen von Portugal
unterm 11 Aug. 1759 mit wenig Worten über die Ordensfatzungen
der Gesellschaft, über die Mittel, ihre Pflegkinder heilig zu machen,
und über den Nutzen, welchen sie der Welt durch ihre Dienste bringen,
eine solche Lobrede gemacht, daß ein jeder Jesuit, der sie nur lieft, dadurch angetrieben wird, GOtt für den Beruf zu einer so heiligen und
vollkommenen Regel tausendmal Dank zu sagen. Man sehe hier nur
ein Stück davon, wie es zu Lugano aufgelegt worden. (z) „ Die
„ Absicht dieses heiligen Ordens, saget der jetztregierende Papst zu den
„ getreuesten Könige, „ welche sich sein Heil. Stifter vorgesehet hat, die
„ größere Ehre GOttes, und das Heil der Seelen zu befördern; die
„ Mittel, die er ihm angewiesen hat, den vorgesteckten Zweck zu errei-
„ chen; der Nutzen, welchen die Kirche davon geschöpfet hat im Ver-
„ mehrung der Frömmigkeit unter den Gläubigen, in Belehrung der
„ Heyden und Ketzer, in Wiederlegung der Ketzereyen, vermittelst der
„ Bemühungen, des Schweißes, und des von seinen Gliedern vergof-
„ senen Blutes; diese haben die Gutheißung und das Lob des aposto-
„ lischen Stuhles, ja der ganzen Kirche, die auf dem Kirchenrathe zu
„ Trient versammelt war, den Schutz und die Gunst der Fürsten, die
„ Hochachtung und Zuneigung des Volkes verdienet. Sehr viele See-
„ len sind in Beobachtung dieser Ordensfatzungen zu allen Zeiten, und
„ an allen Orten heilig geworden. Verschiedene davon verehret die
„ Kirche schon öffentlich auf den Altären: und wir wissen, daß Eure
„ Majestät zu denselben eine zarte Andacht tragen. Andre aber hat sie
„ wegen ihrer heldenmüthigen Tugenden, und des für JEsum Chri-
„ stum erlittenen Martertodes gleicher Ehre würdig erkannt. Da nun
„ dieser Orden auf so festen Grundsäulen der Heiligkeit gegründet steht,
„ so ists bloß allein seine innerliche Aenderung, und die gewohnte
„ Hindansetzung seines Geistes und seiner Gesätze, was seinen Verfall
„ und

(v) Im J. 1600. Man lese die spanische Nachricht zur Seligsprechung Ignatii, gedruckt zu Madrid im J. 1609.
(z) Beytrag zur Sammlung der päpstlichen Breven, 64, aufgel. zu Lugano 1760.

„ und Umsturz verursachen kann. " Bis hieher das oberste Kirchen-
haupt. Die Gesellschaft muß ihren Feinden selbst verbunden seyn, daß
sie ein so schönes und wichtiges Breve, wovon man gar nichts wußte,
in den Druck gegeben, und so gar in ihre Sammlung mit eingerücket
haben. Die elenden Schmierer haben nicht bedacht, daß sie durch
Kundmachung desselben nicht nur dem Stadthalter JEsu Christi keine
Schande gebracht, wie sie sich thörichter Weise einbildeten, sondern
auch etwas ans Taglicht gezogen haben, was den Jesuiten auf künftige Zeiten sehr viel Ehre machen wird.

XII. Die gesammten Cardinäle der Heil. Kirche sind nicht weniger
geneigt gewesen, ihren Ordensübungen allen Vorschub zu geben, als die
Päpste und Kirchenversammlungen. Dieser erhabene Körper hat sie als
nützliche Arbeiter im Weinberge des HErrn angepriesen: er hat sie vor
Verleumdungen beschützet und vertheidigt: er hat sie über Collegien und
Pflanzschulen zu Aufsehern gesetzt. Was haben die apostolischen Abge-
sandten, und Vorsitzer des Kirchenrathes zu Trient nicht zu ihrem Vortheile geredet und gethan? Was jene, welche über die vor den Thron
Papsts Pii IV. gebrachten Beschuldigungen eines nichtswürdigen Geistlichen zu Richtern ernannt worden? Was endlich jene, die Papst In-
nocentius X über ihre Irrungen mit dem Bischofe von Engelstadt zu
Schiedmännern bestellt hat? Dieß sind lauter Dinge, wovon schon anderswo gesagt worden, und deren Wahrheit aus den Urkunden erhellet.
Was haben diese hochwürdigsten Fürsten in jenem zahlreichen und geheiligten Kirchengerichte, welches vor Papst Gregorius XV bey Gelegenheit der Heiligsprechung Ignatii gehalten worden, der Gesellschaft nicht
für Lobsprüche beygeleget? Ich würde ihre Bescheidenheit beleidigen,
wenn ich sie hier anführen wollte. Wer sie lesen will, kann sie alle
miteinander bey dem Sollerius, dem Fortsetzer der bollandischen Werke finden (y).

XIII. Sollte man von besondern Cardinälen reden, welche entweder durch vollständige Lobreden, oder durch gewisse Begebenheiten die
Vortheile, so der catholischen Kirche von der Gesellschaft zufließen, angerühmet haben: so würde es eine Arbeit von mehr Bänden abgeben.
Wir haben schon anderswo der Cardinäle Guidiccioni, Osius, Ala-
nus, Truchs.s, Commendone, von Lothringen, Tarugi, Nobile, Grop-
per erwähnet: deren ein jeder für tausend Lobredner gilt, man mag
den Umfang ihrer Gelehrsamkeit, oder die Heiligkeit ihres Lebens, oder

Q 3 das

_____

(y) AA. SanA. Tom. 7 Julii, p. 618. N. 1093.

das durch Vertretung der höchsten Aemter erlangte Kenntniß von der Welt betrachten. Man könnte noch sehr viel andre von gleichem Gewicht und Ansehen auf die Bahn bringen: als einen Madrucci, einen Delmonte, die Farnesi, einen Laureo, einen Cueva, einen Ubaldini, einen Turnon, einen Palaotto, einen Ludovisi. Man lese die Werke des Mendo und des Gomez (z): so wird man sehen, wie sehr sie die Gesellschaft geliebet haben. Anstatt aller erklecket uns der hochwürdigste Baronius, jenes ungemeine Licht der Heil. Kirche. Da er in den Anmerkungen zum Martexbuche von den Blutzeugen Engellands redet, nennet er die zwo Pflanzschulen zu Rom und zu Rheims „zween sehr hohe „he Thürme wider die Wuth der Nordwinde, und zwo sehr starke „Festungen des Heil. Glaubens. " (aa) Hierauf beschreibt er, wie diese Geistlichen voll Fleiß und Eifer, ihre Schüler zum Marterkampfe abzurichten. Und gleichwohl hat die Welt damals von den Jesuiten eben so geredet, wie sie, heut redet.

XIV. Ich komme nun auf Bischöfe und Erzbischöfe. Damit ich aber diejenigen übergehe, wovon ich in gegenwärtigem Werke schon viele, und überaus schöne Dinge angemerket habe, wären unter andern zu vernehmen der gottselige Bartholomäus de Martyribus, Erzbischof von Braga, und Leenard Marini, Erzbischof und Botschafter in Spanien, beyde Dominicaner; Peter Villars Erzbischof von Vienne, Johann Soarius, ein Augustiner, Bischof zu Coimbra, Bartholomäus von Torres in den Canarien, Ferdinand Martinez von Aguentien und Vorsteher der Inquisition, Antonius Perez Erzbischof von Tarragona, und Prudentius von Sandoval Bischof von Pampelona, beyde Benedictiner, Torrentius von Antwerpen, Majoran von Castellamar, und Zara von Altpettau in Oesterreich, nebst andern, welche Mendo und Gomez in sehr großer Menge anführen. Nur des Benedictiners Genebrard, Erzbischofs von Aix, und höchstberühmten Chronikschreibers, und des gottseligen Palafox, jenes treflichen Auslegers der Briefe der Heil. Theresia, und eifrigsten Bischofs von Osmo in Castilien, kann ich nicht vergessen. „GOtt hat die Gesellschaft er„weckt, schreibt Genebrard (bb) eben das wieder aufzubauen, was „Luther auf Antrieb des Teufels abgebrochen und zerstöret hatte. " Palafox macht seine Gedanken über den XVII. Brief der Heil. Mutter The-

(z) Mendo in der Crisi Societatis: Gomez in den Elogiis Societatis.
(aa) In den Anmerkungen zum 29 Christm.
(bb) Im IV B. seiner Jahrsch. auf J. 1612.

Theresia an den P. Roderich Alvarez ihren damaligen Beichtvater: allwo sie sich sehr heftig beschweret, daß man das ohne Grund entstandene Gerücht von ihr hätte glauben können, als ob sie einem Jesuiten von eben so großer Heiligkeit als Einsicht gerathen hätte, das neue Kleid ihrer Ordensverbesserung anzulegen. Hier nimmt sich Herr von Palafox ihrer Unschuld an, und geräth in eine Lobrede für die Jesuiten. „ Konnte sich die Heil. Theresia, spricht er, nicht billig beklagen, und „ sich zur Wehre stellen, da man ihre Liebe zu einem so Heil. Orden, „ als die Gesellschaft JEsu ist, anfechten und misbilligen wollte? Hat „ sie nicht Ursache, empfindlich zu seyn, wenn man ihr ansinnt, sie „ hätte sich mit einer Hand der Söhne dieser Gesellschaft zu ihren Stif= „ tungen bemächtiget, mit der andern aber dieselbe ihrer größten und „ besten Söhne beraubet? , , , Soll sie sich nicht beschweren, da „ man ihr dadurch die enge Gemeinschaft mit einem so gelehrten, und „ so heiligen Orden abschneidet? Und N. VI bekräftiget Herr von Palafox abermal, wie billig die Heilige gehandelt habe. „ Wäre es et= „ wa besser gewesen, setzet er hinzu, wenn die Heilige diese Verleum= „ dung nicht zu nichte gemacht, und in der Geburt erstickt hätte; und „ folglich zween Orden, welche die Kirche der Welt zum Nutzen, und „ zur allgemeinen Frohlockung der Glaubigen auf einmal hervorgebracht, „ wie Jacob und Esau ringend ans Licht gekommen wären? Weit bes= „ ser verstand es die Heilige, daß es sich ganz anders verhielt. Und N. IX und X fährt er in seinen Betrachtungen fort: „ Erschrecklich „ war es, saget er, daß die Geistlichen der besagten Gesellschaft der „ Heiligen zu Verbesserung ihres Ordens die Hand gereichet, die Hei= „ lige aber gesucht haben sollte, die Gesellschaft durch Wegnehmung ih= „ rer Glieder abzubringen. Um so mehr empfand es die Heilige, weil „ sie sich hierinn unschuldig wußte. “ Bey N. XXVI schreibt er also: „ Das fünfte vortrefliche Zeugniß ist jenes, welches die Heilige hinter= „ lassen hat zu beweisen, wieviel ihr die Gesellschaft JEsu beygetragen „ habe, diese Heil. Ordensverbesserung auszuführen; und daß sie sol= „ ch:s billig als eine Probe jener Gegenliebe angenommen habe, welche „ beyde Ordensstände mit Grunde unter sich erhalten: nachdem ihr die „ Gesellschaft Ursache gegeben, die sichern Pfänder dieser Freundschaft „ und des guten Vernehmens unsterblich zu machen. Noch mehr aber „ in Betrachtung der Hülfe, welche die Gesellschaft JEsu der Heiligen „ in ihren Stiftungen geleistet hat: so daß man sagen möchte: es ist „ unbillig, daß die, welche einander mit vereinten Kräften geholfen ha=
„ ben,

„ ben, für GOtt auf die Welt zu kommen, nunmehr einander in die
„ Haare gerathen sollen, da sie wachsen, verdienen, und GOtt Seelen zuführen. "

XV. So schreibt dieser gottselige Prälat: und da er sich bemühet, den Verdruß der Heiligen, welchen sie über ein solches Gerücht empfunden hatte, daß sie sogar Thränen vergoß, als billig und wahrhaftig vorzustellen: so giebt er zu gleicher Zeit zu erkennen, was man er von der Gesellschaft für eine große Hochschätzung trüge. Dieß erhellet desto deutlicher, je mehr er der Hülfe und den Rathschlägen Gottes beypflichtet, welche sie der Heil. Mutter an die Hand gegeben hat, ihre edlen Absichten, als die Ordensverbesserung und die Stiftung der Klöster, ins Werk zu stellen. Noch höher steigt die Achtung, die dieser Diener GOttes für die Gesellschaft heget, da er sie von ihrem Ursprung an mit dem Orden der Theresianer vereiniget, gegen welche er billig eine sehr große Schätzung und Zuneigung hatte. Ja er wünschet, daß beyde in ewiger Eintracht wachsen, verdienen, und GOtt Seelen gewinnen möchten. Nach allen diesem lasse ich einen jeden unpartheyischen Menschen urtheilen, ob Palafox nach seiner Uebersetzung von Engelstadt in das Bisthum Osma in Castilien, welchem er die letzten Jahre seines Lebens vorgestanden, ein Widersacher der Jesuiten, oder vielmehr ein für ihren Orden ganz eingenommener Schriftsteller gewesen sey.

XVI. Nicht weniger haben die Heil. Ordensstände die Gesellschaft insgemein als ihre würdige Schwester angesehen. Mendo und Gomez haben diejenigen auf ein Verzeichniß gebracht, welche den Eifer, die Gelehrsamkeit, den Fleiß der Gesellschaft in Anleitung der Jugend zur Gottseligkeit und zu den Wissenschaften, in Verbesserung der Schulen, in Bekehrung der Ketzer, und in Beförderung des christlichen Namens unter den heydnischen Völkerschaften angerühmet haben. Bey ihnen kann man lesen die ruhmvollen Zeugnisse der ehrwürdigen Carthäuser, Benedictiner, Theatiner, Cistertzienser, des ganzen frapzösischen Ordens, der Barnabiten, Augustiner, Trinitarier, der Minoristen, der Carmeliten, der Theresianer, der Mindern, der regulirten Chorherren, der Priester des Oratorii, der Basilianermönche, der Ordensgeistlichen des Heil. Hieronymus. Der heilige Predigerorden, welcher allzeit sowohl wegen Reinigkeit der Sitten, als seiner Gelehrsamkeit die Zierde der Kirche gewesen ist, wie ihn der Jesuit Card. Pallavicin bey Gelegenheit der Verleumbungen, die Soave darwider ausgestreuet hatte,

nennet (cc), hat die Regel der Gesellschaft allhier in sehr hohen Ehren und als eine der nützlichsten und ansehnlichsten in der Kirche GOttes gehalten. In mehr allgemeinen Ordensversammlungen ist dem gesammten Orden die Freundschaft und Einigkeit mit der Gesellschaft JEsu auf die kräftigste Weise eingebunden worden (dd). Die größten Männer davon haben ihr in Schriften und wirklichen Thaten sehr viel Ruhm gebracht. Joscarari, Catharinus, de Martyribus, Forerus, Gottesgelehrte am Kirchenrathe zu Trient ; Marini, der H. Papst Pius V, der sel. Micon, der heil. Ludwig, Bertrand, Bannez, Lopez, Jldephons von St. Thomas, Roccaberti, die vier Generale Romäus, Turco, Marinis und Cloche ; und mit ihnen Orci, Mancio, Gravina, Olioa, Ledesma, Bollo, della Penna, Ciaconio, de la Puente Peralta, Papst Benedict XIII, nebst hundert und tausend andern haben zur gegenwärtigen Arbeit überflüßige Materie an die Hand gegeben. Man vernehme hier nur den gottseligen P. Ludwig von Granata, und den M. Bjorius der die Werke des Baronius fortgesetzet hat. Granata saget bey dem Geschichtschreiber Orlandino I Th. II B. N. 69 : „Die Gesell-
„ schaft sey eine apostolische Gemeinde, welche alles mögliche beyträgt, das
„ Heil der Seelen zu befördern, und mit aller Macht die alte Heiligkeit
„ in der Kirche GOttes zu erneuern.“ Und Bjovius schreibt in seinem Buche Romanus Pontifex im XXIV Hst. also:„ Die Päpste Paulus III,
„ Paulus IV, Pius IV, Pius V und Gregorius XIII haben die Geistlichen
„ der Gesellschaft JEsu in jene überaus weitschichtigen Königreiche Jn-
„ diens und der neuen Welt abgesandt : allwo sie kaum angelanget waren,
„ als sie es für gering hielten, jene Christen, die sich daselbst befanden, an-
„ zuführen, wo sie das Wort GOttes nicht auf eine viel wichtigere Art
„ erweitern, und es dahin bringen sollten, wo es vorhin unbekannt gewe-
„ sen. Denn in Jepon, welches wohl sechzig Reiche in sich begreift, ha-
„ ben die Jesuiten ganz allein alles gepflanzet, und angefeuchtet, was im-
„ mer von Religion und Glauben daselbst anzutreffen ist : und GOtt hat
„ ihre Mühe mit solchen Wachsthümern gesegnet, daß man viele hundert
„ tausend Bekehrte darinn zählen kann.“ Da er von den Blutzeugen der Gesellschaft redet, scheint er mit Fleiße die Notenmacher der Lügen zu überzeugen, als welche in der XI Anm. am 97 Bl. behaupten wollen, die Gesellschaft wirke unter jenen Völkerschaften nichts anders, als die Befestigung

stigung

---

figung der Abgötterey: und sie schaffe keinen andern Vortheil, als daß
sie sich ungemein bereiche. „ Von welchen Blutzeugen (spricht Bartius
„ weiter) einige unter den Ungläubigen, andere unter den noch unmensch-
„ lichern Ketzern mit Unerschrockenheit des Herzens Blut und Leben ge-
„ lassen haben. Sie waren fertiger, die Peinen auszustehen, als immer
„ die Grausamkeit, ihnen solch anzuthun. Sie wurden auf tausenderley
„ Arten gemartert, zerfleischt, zergliedert, bey einem langsamen Feuer,
„ durch Schwerter und Galgen hingerichtet: ein edler Kampf, der die
„ Federn ermüdet, doch nimmermehr zufrieden stellet. Bis daher Bar-
vius: und man hat nur sein Latein in unserer Muttersprache
erkläret. Es ist aber hier nicht zu umgehen, was jetzt Wäh-
ner mit Schmerzen wahrgenommen haben, daß die Zänkereyen und
Streite der Schulen, welche bloß in dem Verstande hätten bleiben sollen, einige bald von den Jesuiten, bald von den Dominicanern, bald
auch von andern Ordensgenossen haben ins Herz einschleichen lassen.
Und was noch mehr ist, da solch ein einzelner Schriftsteller seine eigene
Meynungen vertechten, oder fremde bestreiten will, so nimmt er sich
die Freyheit die geheiligten Orden, wozu sich ihre Gegner bekennen,
mit bissigen Worten anzugreifen. Allein die Uneinigkeit einiger besondern Personen, und die Feindschaft des ganzen Ordens sind zweyerley.

XVII. Die Akademien, Universitäten, und Versammlungen, die
in catholischen Städten theils aufgerichtet, theils gehalten worden, wenn
sie schon nicht eben eine Kirchengewalt haben, sind doch in der Kirche Christi ein würdiger und ansehnlicher Theil: auch diese haben unendlich viel
rühmliches von jenen Arbeitern gesprochen. Unter andern haben sich
die Akademien von Salamanca und Alcala (ee), wie auch von Löven
und Ingolstadt (ff) auf eine Art voll der Hochachtung ausgedrückt.
Selbst die Facultät der Sorbonne, welche ihnen zu Zeiten des heil.
Ignatius entgegen gewesen, hat sie nachmal höchlich gelobt, und gern
gesehen, daß ihr Orden in Paris zu verbleiben hätte: nachdem sie unter dem Generalamte des Laynez daselbst mit Händen gegriffen hat,
wie werkthätig ihr Eifer in Bestürmung der calvinischen Freyheit gewesen ist. Und dieses hat sie mit allem Rechte gethan.: Sintemal die
Jesuiten in wenig Jahren über sechzig tausend Calvinisten zum Schooße
der Catholischen Kirche zurückgeführet hatten. Titimou bezeugt in seiner

---

(ee) S. ihre Ordensschrift beym Mendo auf der 54 S.
(ff) Bey dem Geschichtschreiber des Akademien, I Th. IX B. N. 54; und X B.
N. 105.

ner Britonomachie, oder in seinem Brittenkriege (gg), daß Heinrich
IV ganz vergnügt mit eigenen Augen ihre Namen aus einem sehr langen Verzeichnisse gelesen habe. Auch die Königreiche von Casilien haben an Papst Clemens VIII für die Heiligsprechung des H. Ignatii
ein Empfehlungschreiben (hh) abgelassen, und darinn die Gesellschaft
angepriesen, als „eine vollkommen geistliche Kriegsmacht, welche in so
„ kurzer Zeit die Fahne des Kreuzes mit großer Stärke und großem
„ Eifer bis an die entlegensten Gegenden des Erdbodens gebracht hat.
„ Sie hat die Gemüther so vieler abgöttischen Völker mit dem Lichte des
„ Göttlichen Wortes aufgekläret: und durch die Bücher, welche sie
„ herausgiebt, thut sie den Irrthümern der jauchzenden Ketzerey Ein-
„ halt, und beschützet mit Vergießung des Blutes das Ansehen des apo-
„ stolischen Stuhles. “

XVIII. Wollte man auch einzelner Personen gedenken, welche, so
lang die Gesellschaft steht, in der Welt geblühet, und sich entweder
durch den Glanz der Heiligkeit, oder durch den Ruf einer großen Wissenschaft, oder durch das Ansehen eines hohen Ranges berühmt gemacht
haben: so würde dieß Werklein kein End haben. Viele derselben haben schon durch ihre Zeugnisse gegenwärtigen kleinen Schutzschriften ihr
Gewicht gegeben, und den Gegnern die Schamröthe ausgetrieben. Damit wir es aber kurz machen, wollen wir nur aus jeder Nation eine
Person von solchem Ruhme wählen, daß der bloße Namen davon uns
in Ehrfurcht setzen soll. Wir gehen der Zeitordnung nach, und machen den Anfang in Frankreich mit dem gottseligen Ludwig Blosius,
Abte von Liesse, lateinisch Lærium genannt, einem Manne, den Geburt und Gelehrsamkeit verehrenswürdig machten, und der im Rufe der
Heiligkeit verschieden ist (ii). So sehr liebte und schätzte er die Gesellschaft, daß er sie nach allen Kräften in Flandern einzuführen suchte.
Als er einesmals die Uebungen des H. Ignatii vorgenommen hatte,
trug er so viel Neigung dazu, daß er die Seinigen bis nach Löwen schickte, selbe unter Anführung der Jesuiten zu machen (kk).

Trete Spanien hervor, und rede dafür der gottsel. Johann von
Avila, ein Apostel Andalusiens, und ebenfalls Gewissensrath der H.
Theresia: der an allgemeinem Vertrauen auf seinen exemplarischen Tu-
gendwandel in ganz Europa seines gleichen nicht hatte; und dem die
R 2   Kir-

(gg) II B. am Ende der Vorrede. hh) Es liegt in dem A. u. v. Jesu zu Rom.
(ii) Im J. 1566. (kk) Man lese den Orlandin I Th. XIII B. N 31: und den
Kirremberg im Leben des H. Ignat. 38 Hst.

Kirche eben jetzt im Begriffe ſteht Titel und Verehrungen eines Heili=
gen zu zueignen. Dieſer hielt die Geſellſchaft von dem erſten Tage,
da er ſie kannte, bis auf den letzten ſeines Lebens, für ſeine ganz eige=
ne Sache. Neun und zwanzig Jahre hat er ſie in ihren Verfolgungen
beſchützet, er hat ſie mit den beßten ſeiner Pflegſöhne verſehen, er hat
ihr endlich ſterbend (ll) ſeinen ehrwürdigen Leib zum Geſchenke hinter
laſſen, welcher noch in der Kirche des Noviżenhauſes zu Montiglian
wo er geſtorben iſt (mm).

XIX. Nach dem Avila komme der berühmte Carthäuſer Surius,
ein Mann von unnachahmlicher Tugend und Gelehrſamkeit (nn): und
weil er ein gebohrner Teutſcher iſt, ſo rede er für ſein Teutſchland. „Die=
„ ſes Werk würde unendlich werden, ſchreibt er in ſeinem Kerne der
„ Geſchicht (oo) zum J. 1540, wenn wir erzählen wollten, wie groß
„ das Wachsthum der Geſellſchaft geweſen ſey; wie ſie ſich in kurzer
„ Zeit vermehret, und durch die ganze Welt bekannt gemacht habe;
„ wie ſie mit unglaublicher Seelenfrucht bis zu den äuſserſten Indi=
„ nern, Aethiopiern, und Americanern ausgebreitet worden : da ſie theils
„ barbariſche Völker zum Chriſtenthume bekehret, theils unzählbar viel
„ ganz verlohrne und verzweifelte Menſchen auf einen beſſern Weg zu
„ rückgeführet haben. “ Eben hier ſchildert uns Surius durch wenig Zu
verzüge die Eigenſchaft jener Feinde ab, welche die Geſellſchaft zu je=
nen unglückſeligen Zeiten hatte ; und ſtellet ſie uns den heut zu Tage
berufenen Notenmeiſtern von Fuße auf ähnlich vor. Was noch mehr
iſt, decket er uns auch ſogar die verborgenen Beweguſachen des Haſſes
auf, wovon die damaligen Glaubensgegner erhizet waren : und dieß
ſind entweder eben die, welche man jetzund hat, oder doch nicht ſehr da=
von unterſchieden. „ Es fehlet dieſem gottſeligen Orden nicht, fähret Su=
„ rius fort, an einer Menge nichtswürdiger Schmähker und Verleum=
„ der, hauptſächlich ſolcher, welche ſich lieber für evangeliſch ausge=
„ ben, als es wirklich ſeyn wollen. Denn ſie ſehen wohl, daß ihre Be=
„ mühungen von den Gliedern dieſes Ordens von Tage zu Tage mehr
„ Hinderniſſe finden. Sie ſehen viele ihren Haufen verlaſſen, und zu
„ dem Schafſtalle Chriſti zurückgehen. Sie ſehen nicht wenig Catho=
„ liſche ſich nach Verfluchung der Unreinigkeit ihres vergangenen Lebens
„ mit ganzem Fleiße auf die Reinigkeit und Unſchuld verlegen. Sie
                                                                „ ſehen

---

(ll) Im J. 1569. (nnn) S. den Rugnot I B 21 u. 28 H. wie auch III S. 6
H. Man beſehe auch den Granata in ſeinem Leben.
(nn) Geſtorben im J. 1578. (oo) Compendium Hiſtoricum.

„ sehen endlich die Leute, wenigstens der Gesellschaft ihre, nicht nur von
„ Unstrafbarkeit des Wandels, sondern auch von weitläufiger und sel-
„ tener Wissenschaft glänzen; so daß man weder ihre Sitten beschnar-
„ chen kann, man wolle dann alle Scham offenbar ausziehen, obschon
„ etliche von unserer Geistlichkeit aus Uebereilung und Muthwillen die-
„ sen Tadlern beypflichten; noch bey den meisten irgend in einer Art von
„ Gelehrsamkeit einigen Mangel verspüret. Daher entspringt ihr mehr
„ als rasender Haß wider diese Gesellschaft: daher jene wüthige Lust,
„ Unbilden und Spottworte wider sie auszuspeyen. Weil sie ihre Sit-
„ ten mit Wahrheit nicht tadeln können, laufen sie auf den Namen
„ los, und nennen sie bald Jesuiten, bald mit Abtrennung der er-
„ sten Sylbe Suiten, und endlich gar Jesuwider, das ist, JEsu
„ zuwider: gerad als wenn diese Wortspiele den Vätern der höchst-
„ löblichen Gesellschaft den geringsten Nachtheil brächten; und nicht viel-
„ mehr den Muthwillen der Schwärmer an den Tag legten.“ Bis
hieher Surius: den wir getreulich in unsere Sprache übersetzet haben.
Auch die Notenmacher, welche alles für Wahrheiten annehmen, was
den Jesuiten zur Schande gereicht, haben den Ketzern in diesem Stücke nachfolgen wollen, wenn sie dieselben auf portugesisch geschickte Schel-
men betiteln (pp)

XX. Wir wollen nach Engelland segeln, und daselbst den berühmten Engelländer Nicolaus Sander, (qq) einen Mann von überaus großen Verdiensten um den catholischen Glauben, in unsrer Muttersprache reden lassen. Dieser Schriftsteller sagt in seinem Werke von
der englischen Trennung (rr), es sey eine wunderbarliche Schickung
GOttes gewesen, daß er den Empörungen König Heinrichs wider die
römische Kirche die Regel der Jesuiten entgegen gesetzet habe, welche in
eben dem Jahre, da sich besagte Trennung am meisten hervorthat, vom
apostolischen Stuhle bestätiget worden. Die Verfasser der Anmerkungen werden die Geduld haben, diesen vortrefflichen Scribenten aus einem ganz andern Tone sprechen zu hören, als sie sonst gewohnet sind.
„ O unaussprechliche Barmherzigkeit, und Güte des HErrn für uns
„ Engelländer, und für seine allgemeine Kirche! Zu eben den Zeiten,
„ da anderwärtig durch die gotteslästerliche Zunge Luthers, und in En-
„ gelland durch die unerhörte Grausamkeit König Heinrichs alle Or-
„ denssatzungen, und Bekenntnisse eines vollkommen Lebens ausge-
„ tilget schienen, und da die Unterwerfung an den Statthalter Chri-

R 3   „ sti

_____

(pp) Anh. N. 18.   (qq) Gestorb. im J. 1681.   (rr) Zum J. 1540.

» ßi dergestalt vernichtet war, daß der Nahmen Papst, den die Gläu-
» bigen verehren, hier verflucht und verabscheuet wurde; zu eben die-
» sen Zeiten hat GOtt den Geist seines Dieners Ignatius von Loyo-
» la, und seiner Gesellen aufgewicket. Diese erwählten sich eine sehr
» geläuterte und reine Ordensregel; und setzten auf göttliche Eingebung
» zu den übrigen Uebungen der Vollkommenheit wider die Gottlosig-
» keit Luthers und Heinrichs ihr viertes Gelübd, wodurch sie sich, und
» alle gottselige Ordenswerke ins besondre dem römischen Papste wid-
» meten. Sie stehen bereit, auf seinen Befehl zum Wohl der christ-
» lichen Religion alle Gefahren und Müheseligkeiten zu übertragen, und
» sich unverzüglich in jede Gegend des Erdkreises hinzubegeben, wo-
» hin er sie immer senden mag: es sey hernach angesehen, die Ungläu-
» bigen zum Glauben, oder die Sünder zu einem bessern Leben zu be-
» kehren. Da sie auf solche Weise, und in dieser Absicht vereiniget
» waren, nannten sie ihre Verbrüderung die Gesellschaft JEsu, des-
» sen heiligsten Namen, und dessen Glauben, welcher eben durchaus
» der Glaube der römischen Kirche ist, sie mit ungläubiger Geschwin-
» digkeit und Beeiferung nicht nur zu den äußersten Indianern, und
» zu den entlegensten Königen und Völkern gebracht haben, sondern
» auch zu den armseligen Bewohnern der nördlichen Länder, die von
» den Lehrern der Ketzerey verführet worden. Sie haben ihn auch
» mit Verachtung ihres Lebens, und mit Vergießung des Blutes den
» Engelländern wiedergebracht, denen die Grausamkeit ihrer Fürsten
» alle Gemeinschaft mit der catholischen Welt abgeschnitten hatte."
So redet Sander, der kein Jesuit gewesen, wie doch der Protestant
Du Moulin (ss) zu Entkräftung seines Zeugnisses fälschlich behaupten will; sondern ein englischer Priester. Er ist 1581 in Irland gestorben; und wie Eduart Rithson (tt) berichtet, kann er alles mit Augen gesehen haben, was er in Ansehung jener Königreiche zum Lobe der
Gesellschaft geschrieben hat.

XXI. Aus dem sehr langen Register der niederländischen Schriftsteller nehme man nur den Justus Lipsius, einen der berühmtesten
Kunstrichter des XVI Jahrhunderts (uu): welcher mit dem Casaubo-
nus und Scaliger das Triumvirat der Gelehrsamkeit seiner Zeit aus-
machte. Lipsius also, da er an den Jesuiten Pontanus schreibt (vv),
geben-

(ss) Vertheidigung des Königs von Großbritannien auf 45 S. der französischen Aus.
von 1652. (tt) In der Vorrede zu Sanders Werke. (uu) Gestorben im J. 1606.
(vv) Centur. III Miscell. Epist. 34.

gedenket jener Auferziehung, die ihm unter den Jesuiten angediehen,
mit sehr zärtlichen Ausdrücken. „O wie war mir eure Erziehung,
„heißen seine Worte zu deutsch, vor Zeiten so vortheilhaft! Sie wäh=
„ret noch immer fort in ihren Wirkungen: und sie ist jene Pallas
„gewesen, die diesen Ulysses unter den Fluthen, ja unter den Schiff=
„brüchen selbst gesund und unverletzt erhalten hat." Anderswo (xx)
saget er, es sey schon ein großes Lob, auch nur das Kleid und den
Namen eines Jesuiten zu tragen. Und noch in einem andern Briefe
(yy) redet er mit seinen Niederländern also: „Ihr habet Lehrer,
„welche zu den schönen Künsten, und zugleich zur Anpflanzung und
„Beförderung der Gottesfurcht gemacht und gebohren sind. Höret
„sie, folget ihren Fußstapfen, streitet unter jener glückseligen Fahne,
„und überwindet durch die geheiligte Anführung jenes Namens.

XXII. Für Italien rede Ludwig Anton Muratori (zz), ein Mann,
dem schon sein bloßer Namen für eine erhabene Lobrede gilt. Ob er
schon mit verschiedenen Jesuiten ins besondre sehr starke Federkriege
unterhalten, hat er gleichwohl von ihrem ganzen Körper nie anders als
mit der größten Hochachtung gesprochen. Er hat ihn einen gelehr=
ten, heiligen, vortrefflichen, der Welt nützlichen, und verschied=
ner Ursachen halber um die Religion und den Staat wohlver=
dienten Orden genannt (aaa). Ja seine Liebe zur Gesellschaft kam
so weit, daß er ihr zu Gunst ganze Werke herausgab, als da ist je=
nes über die Händel von Paraguay, welches im J. 1749 zu Venedig
erschienen ist unter dem Titel: Das glückliche Christenthum in Para=
guay unter den Missionen der Gesellschaft JEsu. Er handelt darinn
von den Verfolgungen, welche, wie er spricht, die Feinde und Miß=
günstigen dieses heiligen Ordensstandes, woran niemals ein Man=
gel seyn wird, wider jene Missionarien erreget haben (bbb). Es
ist wahr: die Abgeneigten machen diese Historie elend und verdächtlich,
bloß weil sie der ihnen verhaßten Gesellschaft Ruhm bringt: allein des=
sen ungeachtet müssen sie selbst gestehen, daß Muratori, man mag
von dem Werthe seines unvergleichlichen Buches halten, was man will,
dadurch eine unumstößliche Probe seiner Hochschätzung gegen diesen hei=
ligen Orden gegeben habe: gleichwie auch in seinen übrigen Werken al=
lenthalben große Lobenserhebungen zu lesen sind.

XXIII. Im

XXIII. Im Namen der Königreiche und Provinzen, welche die spanische Monarchie unter den unglaubigen Barbarn besitzt, haben König Philipp V, und Bischof Peralta, ein Dominicaner, wovon anderswo Meldung geschehen, zur Gnüge geredet. Es ist aber nicht zu verschweigen, daß zu eben den Zeiten, da es der Gesellschaft am besten gieng, für ihre Tugend und Unschuld von geistlichen Richtern und regierenden Fürsten überaus schimmernde Urkunden ausgestellet treten sind. Unter so vielen wider die Jesuiten von Paraguay und andern indianischen Ländern ausgesprengten Verleumdungen, sind noch sehr frisch, welche im J. 1751 bey Gelegenheit einer in der Provinz Sonora entstandenen Empörung, die man ihnen zuschieb, herausgekommen sind. Die Jesuiten beklagten sich deßwegen, und suchten ein gerichtliches Anlangen wider jenen, den sie für den Urheber derselben hielten. Nichts desto weniger gieng die Verleumdung fort. Gleichwie aber die übrigen Erdichtungen von Paraguay durch die und festen Enturtheile Philipps V zu nichte geworden: so ist auch itzt durch den wohl überlegten Ausspruch der glorwürdigsten Königinn Elisabeth in ihrer Regentschaft (ccc) zu Schanden gemacht worden. Sie machet solches dem P. Provinzial in einer Ausfertigung zu wissen: wovon ich den Innhalt nicht anführe, weil sie ganz neu ist. Von dem erregten Aufstande und desselben Urheber kömmt die Königinn auf die Art, wie man ihn gestillet habe; auf den Eifer, auf die Wohlthätigkeit, auf die christliche Liebe, womit die Jesuiten ihrem apostolischen Amte Genügen leisten; wie auch auf den gewaltsamen Tod, welchen daselbst zweene von ihnen, Thomas Tello und Heinrich Ruban, überstanden haben, weil sie den Indianern ihr Verbrechen verwiesen hatten. „Nun haben wir euch, spricht sie am Ende zum P. „Provinzial, dieß alles mittheilen wollen; wie auch, daß wir mit der „vollkommensten Zufriedenheit über das Betragen und den Eifer, „womit sich eure evangelischen Arbeiter der geistlichen Wohlfahrt der „ihnen anvertrauten Seelen aufopfern; zugleich aber auch mit dem „empfindlichsten Mißvergnügen des grausamen Todes, den die In„dianer den zween erwähnten Geistlichen angethan haben, verbleiben.“ So viel redet das königliche Schreiben. Nicht weniger, als die königliche Mutter, hat auch ihr Sohn, der jetzt regierende catholische König, einer der preiswürdigsten Monarchen, die den spanischen Thron

gezie-

(ccc) Gegeben zu Buenretiro, den 27 Herbst. 1750.

gezieret haben, seine Gnade für die Gesellschaft an den Tag gelegt. Nach den genauesten Berichten, die er von beglaubigten und unparteyischen Personen eingeholet hat, hat er zur Zeit, da anderswo das Feuer wider die Gesellschaft am ärgsten um sich griff, derselben erlaubet (ddd), nicht nur die gewöhnlichen dreyßig, sondern wohl sechzig und noch mehr Missionarien zu eben denselben Provinzen von Paraguay abzufertigen, woraus vor Jahren die Fabel vom Könige Niklaus mit so großem Lärmen hervorgekommen ist, daß man ihn in Italien sogar auf Münzen und Bildern gesehen hat. Auch Johann Ignaz Lacoisqueta Vicarius und geistlicher Richter der Stadt vom heiligen Glauben und wahren Kreuze der Provinz am Silberstrome hat vor nicht mehr als vier Jahren einen rechtlichen Proceß verfertiget, und nach der allerrichtigsten Gerichtsforme bewähret. Wo er von den heutigen Anklagen redet, deren man sich wider die Jesuiten der unter Portugall und Spanien stehenden Provinzen von Paraguay bedienet, schreibt er also: „In diesen Blättern ist die Bosheit bis zur höch-
„sten Stufe der Abscheulichkeit, die zu bejammern ist, gestiegen, da
„sie einen heiligen Orden mit so lästerlichen Verleumdungen und fühl-
„baren Erdichtungen geschändet: wiewohl desselben Aufführung von
„jenen teuflischen Ehrabschneidungen so weit unterschieden ist, so weit
„es die allererbaulichste, die zum Heile der Seelen ersprießlichste,
„und die seinen sonderbaren Ordenssatzungen gleichförmigste nur im-
„mer seyn kann: welches in diesen Provinzen Buenos Ayres und
„Paraguay, wie auch in allen Städten, die nächst an den guarani-
„schen Missionen liegen, und sonderbar hier in der Glaubensstadt ei-
„ne gewisse, offenbare, bekannte, augenscheinliche, allgemeine Sache
„ist. Weil es nun eine der ersten und größten Pflichten eines Kir-
„chenvorstehers ist, den Aergernissen und öffentlichen Verbrechen ge-
„hörig zu begegnen: so hat man sich verbunden geachtet, und da-
„für gehalten, man wäre es der Gerechtigkeit, dem öffentlichen Wohl-
„stande, und der Ehrerbiethung eines so würdigen, nun aber
„mit eben so großer Unbild als Aergerniß beleidigten Ordens
„schuldig, die Sache von Amts wegen gerichtlich vorzunehmen,
„und in der Person des Vicarius und geistlichen Richters zu En-
„deckung der Wahrheit in einem so wichtigen Stücke die nöthi-
„gen Acten zu verfertigen.‟

S   Hier

(ddd) Am 4 Christm. 1760,

Hierauf entblößet er durch wirkliche Begebenheiten die Verleumdung, welche heutiges Tages durch übel gesinnte oder übel berichtete Personen wider den guten Namen der Gesellschaft in jenen armseligen Provinzen von Paraguay durch die ganze Welt verbreitet wird, so handgreiflich, daß man nichts mehrers verlangen kan. Der Proceß ist schon gedruckt, und in die lateinische Sammlung von Schutzschriften für die Gesellschaft im X Th. eingetragen. (eee).

XXIV. Was aber die Erwartung nicht nur der Jesuitenfeinde, sondern auch der Jesuiten selbst weit übertreffen wird, ist, daß alle Heiligen, die von Anbeginne der Gesellschaft bis auf diese Stunde von dem römischen Stuhle canonisiret worden, selbe mit besondrer Neigung geliebet, beschützet, und vergrößert haben, da man sie eben, wie dermals, beschimpfte und verfolgete. Dergleichen sind, vieler heiligen Jesuiten nicht zu gedenken, Cajetan Tiene, der große Erzvater des edlen Theatinerordens verstorben im J. 1547; Johann von GOtt, der berühmte Stifter der barmherzigen Brüder 1550; Thomas von Villanova, ein grundgelehrter Augustiner, Erzbischof und Patriarch von Valenza, wie auch Primas des Königreichs Aragonien, 1556; Pius V, ein höchstes Oberhaupt der Kirche 1572, und Ludwig Bertrand, ein Apostel von Westindien 1581, zwey hellschimmernde Lichter des großen Predigerordens; Theresia von JEsu, Stifterinn der reformirten Carmeliten 1582; Carl Borromäus, Papst Pii des IV Neffe, Cardinal, Erzbischof und apostolischer Abgesandter 1584; Philipp Nerius, jener weise Vater der Priester des Oratorii 1595; Magdalena von Pazzis, eine an Größe des Eifers recht apostolische Seele 1607; Andreas Avellinus, jene Stütze der Kirche 1608; Camillus von Lellis, Stifter des vortrefflichen Ordens der Krankenwärter 1614; Franz von Sales, ein brenneiferiger Bischof von Genf 1622; Vincentius von Paulo, ein Vater und Beförderer der gottseligen Verbrüderung der Missionen 1660: lauter Leute von unvergleichlicher Erfahrung und Einsicht in den erhabensten Sachen der Seele, und von sehr großem Kenntnisse in den Geschäften der Welt: Leute, die zu unterschiedlichen Zeiten,

---

(eee) Man kann ihn auch deutsch finden in dem V Th. dieser Uebersetzungen auf der 112 S.

ten, in unterschiedlichen Gegenden von Europa und außer Europa,
das ganze erste Jahrhundert der Gesellschaft hindurch, und noch
lange darüber gelebet haben. Was die heiligen Pius, Carolus
und Theresia davon gedacht haben, das ist hier und anderswo
weitläufig beygebracht worden : von den übrigen kann man das
Leben des H. Ignatii bey den Bollandisten (fff), die geistlichen Werklein des gottseligen Lancitius (ggg), und die Ordensgeschichte Or-
landius (hhh) nachlesen.

XXV. Ich kann aber mit Stillschweigen nicht umgehen jene
vielfältigen und sonderbaren Lobsprüche, womit der H. Vater Vincentius von Paulo die Gesellschaft überhäufet hat, auf welche die
Gönner der Ketzereyen auch zu seiner Zeit mehr, als man glauben kann, los rannten. Man sehe hier eine sehr schöne Stelle,
die Herr Abasius, ein überall berühmtes Mitglied der vortrefflichen
Verbrüderung der Mission, und ein würdiger Sohn eines so großen Vaters, dem Verfasser überschicket hat. Er hat sich sogar
die Mühe gegeben, sie mit eigner Hand von der Lebensbeschreibung,
welche der hochberühmte Bischof von Rodez Abelly herausgegeben
hat, abzuschreiben. „ Es war in Lothringen, schreibt der Bischof,
„ ein Priester der Mission in dem Hause der Jesuiten gestorben,
„ welche ihn mit Ehren begraben ließen. Deßwegen hielt der H.
„ Vincentius mit seiner Gemeinde eine Berathschlagung über die
„ Dankbarkeit, damit seine Gesellen aufgemuntert würden, GOtt
„ für diese ehrlichen Ordensmänner zu bitten, und von ihm die
„ Gnade und Gelegenheit zu begehren, daß sie diese Gutthat
„ erkennen möchten : gleichwie er sich für seine Person allezeit auf
„ alle mögliche Weise erkenntlich gewiesen hat, da er immer bey
„ der Partey der Gesellschaft JEsu geblieben ist, und als sich wi-
„ der dieselbe Verfolgungen erhuben, die Verleumdungen unterdrü-
„ cket, und die Tugenden, die sie übet, so wie den Nutzen, den
„ sie schaffet, kund gemacht hat. “ Der arme Heilige! Ohne Zweifel wird auch er zu Folge der hocherleuchteten Notenschreiber in der
Liebe gegen die Gesellschaft müssen verblendet seyn. Dergleichen Heil-
lige, die so blind waren, daß sie dieselbe beschützet und ihrer Gunst
gewürdiget haben, giebt es sehr viele, und man hat sogar geschrie-

G 2

bene

(fff) Soller VII Th. des Heum. 494 Bl.
(ggg) XVII Werklein de Præst. Soc. JESU. III Hft.
(hhh) I Th. XIV B. N. 70.

bene Verzeichniſſe davon. Wehe den Verfaſſern der Anmerkungen, wenn ſo ein greſſer Heiliger zu unſern Tagen wieder aufſtehen ſollte!

Was noch folget, enthält ſolche Lobeserhebungen, welche ſich lediglich auf den demüthigen Geiſt dieſes heil. Vaters erſtrecken, und deren ſich die Jeſuiten ſelbſt niemals hätten anmaßen können. Man hätte mithin davon ſchweigen ſollen: allein ich will es doch zum Ruhme eines ſo liebenswürdigen Heiligen, und zur Probe ſeiner Demuth anführen; und zu gleicher Zeit aller Welt vor Augen legen, was er für eine überaus hohe Achtung für die Geſellſchaft getragen habe.

„ Der H. Vincentius von Paulo, ſaget Abelly weiter, hat oft
„ mit Hochſchätzung und Lobſprüchen von der H. Geſellſchaft JEſu
„ geſprochen. Er dankte GOtt um die großen Vortheile, welche
„ vermittelſt derſelben an allen Enden der Welt verſchaffet werden,
„ das Evangelium zu erweitern, und das Reich Chriſti ſeines Sohns
„ zu befeſtigen. Als er unter andern einesmals mit ſeiner Gemeinde
„ redend von dem Geiſte des nämlichen Eifers, der mit ſeiner ge-
„ wöhnlichen Demuth vergeſellſchaftet war, ganz gerühret ward:
„ ſprach er: Meine Brüder, laſſet uns ſeyn, wie jener Land-
„ mann, welcher die kleine Gerätbſchaften des h. Ignatii und
„ ſeiner Geſellen trug, wenn ſie von der Reiſe müd waren.
„ So oft er ſah, daß ſie ſich auf die Knie niederließen, wenn
„ ſie irgend in einem Orte eingetroffen, wo ſie ſtille halten woll-
„ ten: ſo kniete er auch nieder. So oft er ſah, daß ſie beth-
„ ten: ſo that er es ebenfalls: und da ihn die heiligen Män-
„ ner einmal befragten, was er da machte, gab er zur Ant-
„ wort: ich bitte GOtt, daß er thun wolle, was ihr von
„ ihm begehret. Ich bin wie ein armes Thier, das nicht be-
„ then kann: drum bitte ich GOtt, daß er euch erhöre. Ich
„ möchte ihm gern ſagen, was ihr ihm ſaget: weil ich es aber
„ nicht ſagen kann, ſo opfere ich ihm euer Gebeth auf. Ach!
„ meine Herren und Brüder, wir müſſen uns betrachten, als
„ die Laſtträger dieſer würdigen Arbeiter; als arme Unwiſſende,
„ die nichts können, und ein Auswurf der andern ſind; als ar-
„ me Aehrenſammler, welche jenen großen Schnittern nachge-
„ ben. “ Nichts hätte man ſagen können, was den überaus großen
Begriff dieſes Heiligen von der Geſellſchaft deutlicher bewieſen, und
den Geiſt jener ganz außerordentlichen Demuth, womit derſelbe ge-
ſchmücket war, an den Tag gelegt hätte: als da er in einer vollen Ver-
ſammlu-

sammlung von Männern, die an Gelehrsamkeit, Gottesfurcht, Klugheit, und Bescheidenheit so groß waren, als die Herren von der Mission in der Kirche GOttes allzeit gewesen sind, sich und die Seinigen
in Vergleichung der Gesellschaft JEsu so sehr erniedriget hat.

XXVI. Den Beschluß dieses Werkleins mache die heilige Maria
Magdalena von Pazzis mit einer wunderbarlichen Entzückung, welche in
dem Kloster der Engel zu Florenz unter den Erscheinungen dieser H.
Jungfrau aufgezeichnet, und nachmals von den Päpsten untersuchet und
gutgeheißen worden. Es war der 26 Christmon. des 1599 Jahres, als
sie in einer Entrückung des Geistes sah, was GOtt in dem Himmel für
ein Wohlgefallen habe an den beglückten Seelen des H. Evangelisten Johannes, und des H. Ignatius Lojola. Nach Erzählung dieses Gesichtes
bricht sie in folgende Gedanken aus: welche, gleichwie sie von dem damals
noch blühenden Geiste der Gesellschaft ein ungezweifeltes Zeugniß geben;
also auch die Falschheit dessen augenscheinlich entdecken, was man im
Anhange N. 60 vorgiebt, daß sie bald nach dem Hintritte ihres
Stifters eine Rotte und Freystatt der verkehrtesten Menschen und
Bösewichte geworden sey. „ Der glückseligste Geist, spricht die Hei-
„ lige, der auf Erden regiert, ist der Geist Ignatii: weil seine Söhne
„ in Anleitung der Seelen hauptsächlich bedacht sind, zu zeigen, wie an-
„ genehm es GOtt sey, und wie viel daran liege, daß man sich der in-
„ nerlichen Uebungen und Werke befleiße. Denn diese machen uns ge-
„ schickt, hohe und schwere Sachen mit leichter Mühe anzugreifen ver-
„ mittelst des Lichtes, welches die Seele von der innerlichen Tugend er-
„ hält. Diese Tugend bringt die Liebe hervor, die alle Bitterkeit in
„ Süßigkeit verwandelt. Ich hab auch gesehen, daß, so oft die Söhne
„ Ignatii die Seelen auf Erden solcher Gestalt lehreten, GOtt in dem
„ Himmel das Wohlgefallen und die Belustigung an der Seele Ignatii
„ allemal erneuert wurde. " Solche Dinge sah und schrieb die Heilige
zu einer Zeit (iii), da die Jesuiten als gottlose Verbrecher aus Frankreich und Engeland vertrieben waren, und die Welt von ihnen eben so
sprach und schrieb, wie sie heut Tage spricht und schreibt. GOtt Lob!
Die Verfolgungen, die Anklagen, die Verweisungen, und der Geifer so
vieler Leute wider die Gesellschaft, sind noch kein unfehlbarer Beweis, daß
sie eines Lasters schuldig sey: wenn bey allen dem die Heiligen von dersel-

S 3 ben

(iii) Die Verweisung aus Frankreich geschah im J. 1594; die Zurückkunft
1604; die Erscheinung 1599.

ben in dem Himmel Wunder sehen, und auf der Erde ihre Herrlichkeit
verkündigen.

XXVII. Da nun die Heilige durch dieß himmlische Gesicht gestärket war, that sie alles mögliche, die Wiederkunft der Gesellschaft nach Frankreich zu bewirken. Und als bald darnach Maria von Medici, als Braut des allerchristlichsten Königs Heinrichs IV, von Florenz abreisete, versprach sie der Prinzeßinn auf ihr inständiges Anhalten, sie würde GOtt allezeit für sie bitten, wofern sie zu Paris drey Stücke ins Werk setzen würde. „Das erste: sie sollte sich bey ihrem königlichen Ehegemahle las-„ sen angelegen seyn, daß die Geistlichen der Gesellschaft JEsu ehestens „ in das Königreich zurückkämen. Zu dem Ende sollte sie dem Könige „ vorstellen, daß er GOtt kein größers Wohlgefallen und dem Reiche „ keine größere Gutthat erweisen konnte. Das zweyte: sie sollte sich alle „ Mühe geben, die Ketzereyen auszurotten. Das dritte: sie sollte die „ Mutter der Armen seyn (kkk). “ Wir haben nun für die Gesellschaft, wie der Apostel sagt (lll), eine Wolke von Zeugnissen, die an der Zahl so häufig, und der Glaubwürdigkeit nach so ansehnlich sind, von Personen verschiedener Zeiten, Orden, und Stände. Jener muß also ganz unwissend seyn, der von den Jesuiten schreibt und redet, ohne dieselbe zu kennen; und jener überaus boshaft, der sie kennt, und gleichwohl verachtet, gleichwohl mit verblendetem Gemüthe in den Wind schlägt.

(kkk) S. des Matthieu Geschicht von Frankreich zum J. 1600, auf der 201 S. der brekianischen Aufl. von 1623. Wie auch das Leben der H. Magd. v. Pazzis, und bey Lancizio II Th. XVII Werff. IV Hst. N. 217.

(lll) Zu den Hebräern XII 1.

E N D E.

Kurzer

Kurzer

Innhalt

dieser acht Theilen.

Anmerkung: Der Leser wird erinnert, daß die Materie bey der andern Auflag des ersten und zweyten Theils aus Versehen umgelauffen sey. Wenn er nun die erste Auflag hat, und das angezeigte auf dem bemerkten Blat sich nicht finden lasset, ist in dem nächsten oder dem darauf folgenden nachzusuchen.

Vierter Theil.

Böse Eigenschaften der An=
merkungen über die Bitt=
schrift der Jesuiten.

Fünfter Theil.

Angenehme Betrachtun=
gen über die Händel
der Jesuiten.

Aechter Proceß, welcher
jüngst von Amts wegen
in Paraguay über die
Be=

Siebender Theil.

Der entscheidenden Urkun-
den I Fortsetzung.

H   H §.

Kurzer Innhalt.

Register

Aller in diesen acht Theilen enthaltnen merkwürdigen Sachen.

Die Anmerkung, welche dem kurzen Innhalt wegen dem ersten und zweyten Theil vorausgesetzt worden, ist auch in diesem Register zu beobachten.

Die römische Zahl zeiget den Theil, die andere aber das Blat des Theils an.

A.

ABelly, Bischof von Rodez, beschreibt das Leben des H. Vincentius von Paulo. VIII 139.

Abbotti. VII 29, 44.

Acosta Haupt derjenigen Jesuiten in Spanien, so sich der Beständigkeit des Generals widersetzten. VII 79.

Acosta, Hilarion, zeuget von Card. Bellarmin. VII 64.

Aderno, Franz, Beichtvater des H. Caroli Borromäi. VI 42, wird von diesem zum General vorgeschlagen. ibid. stehet ihme in seinem Tod bey. 43, stirbt. 44.

Academien rühmen die Gesellschaft. VIII 130.

Adarata. V 58.

Ahanus Card. sein Zeugniß von der Gesellschaft. VI 135. VII 32, 33.

Alastus überschickt dem Verfasser

die Lobsprüch, mit welchen Vincentius von Paulo die Gesellschaft überhäufet hat. VIII 139.

Albani. die Familie liebet die Gesellschaft. VII 20.

von Alcala, Akademie, rühmet die Gesellschaft. VIII 130.

Aldunate. Seine Schreiben wider die Jesuiten in Paraguay werden als ehren rührig erklärt. VIII 13.

ALEXANDER VII schreibet zu Wiederherstellung der Gesellsch. an den Senat zu Venedig. 19. VII 15, 18.

ALEXANDER VIII schützet die Gesellschaft. VII 19.

Alexander Natalis ist nicht gar zu gehorsam gegen die päpstlichen Verordnungen. II 75.

U 2   Ali

seis

Register.

Ge

Jans

D 3

Lud.

N.

O.

nigs.

San

Aa 2   Wen

O. A. M. D. G.